52條路線，讓你週週遊出好心情

台北週末小旅行

台北
週末小旅行

52條路線，讓你週週遊出好心情

國家圖書館出版品預行編目(CIP)資料

台北週末小旅行：52條路線，讓你週週遊出好心情／許恩婷,黃品棻, 邱恒安著. -- 初版. -- 臺北市：四塊玉文創, 2016.08 面； 公分
ISBN 978-986-5661-82-3(平裝)

1.旅遊 2.臺北市 3.新北市
733.9/101.6 105013725

作　　者　許恩婷、黃品棻、邱恒安
攝　　影　楊志雄
編　　輯　黃馨慧、邱昌昊
美術設計　劉錦堂

發 行 人　程顯灝
總 編 輯　呂增娣
主　　編　翁瑞祐、羅德禎
編　　輯　鄭婷尹、吳嘉芬
　　　　　林憶欣
美術主編　劉錦堂
美　　編　曹文甄
行銷總監　呂增慧
資深行銷　謝儀方
行銷企劃　李　昀

發 行 部　侯莉莉
財 務 部　許麗娟、陳美齡
印　　務　許丁財
出 版 者　四塊玉文創有限公司

總 代 理　三友圖書有限公司
地　　址　106台北市安和路2段213號4樓
電　　話　(02) 2377-4155
傳　　真　(02) 2377-4355
E-mail　service@sanyau.com.tw
郵政劃撥　05844889 三友圖書有限公司

總 經 銷　大和書報圖書股份有限公司
地　　址　新北市新莊區五工五路2號
電　　話　(02) 8990-2588
傳　　真　(02) 2299-7900
製版印刷　卡樂彩色製版印刷有限公司

初　　版　2016年08月
一版二刷　2017年09月
定　　價　新台幣320元
ＩＳＢＮ　978-986-5661-82-3（平裝）

台北這麼大，週末去哪裡？

台北資源豐富，文化多元，是個熱鬧有趣的大都會，無論是土生土長的在地人、慕名而來的觀光客，還是離鄉背井來打拚的異鄉遊子，每個人對這座城市，都有著不同的情感、不同的觀點，自然也有不同的休閒方式。有人喜歡搭捷運、公車或火車四處探索；有人享受騎上單車、機車或開車兜風遊覽；還有人選擇閑庭信步、走訪巷弄，找尋隱藏的城市風景。

然而台北這麼大，該怎麼規畫行程，有時還真讓人傷腦筋。考量到一年有52週，我們也依此打造了自然人文、浪漫文青、玩樂童趣、郊遊休閒、懷舊古蹟5大領域、合計52條各具特色的輕旅行路線，收錄大台北275處魅力景點，不只有簡易地圖，更附上QR Code，手機一掃，就能直接進入Google Map導航，輕鬆樂遊不迷路。如果你只想找單一景點深度走訪，我們也彙整了特色古蹟、名人故居與觀光工廠，以及自然公園、親山步道和自行車步道等，帶你看見玩不膩的大台北！

眼看週末假期到來，對於行程還是毫無頭緒嗎？何不跟我們玩個小遊戲：信手翻開本書，你看見的第一條路線，就是這個週末的行程了！走吧！跟著我們一起出發，享受精彩的台北週末生活！

本書實用指南

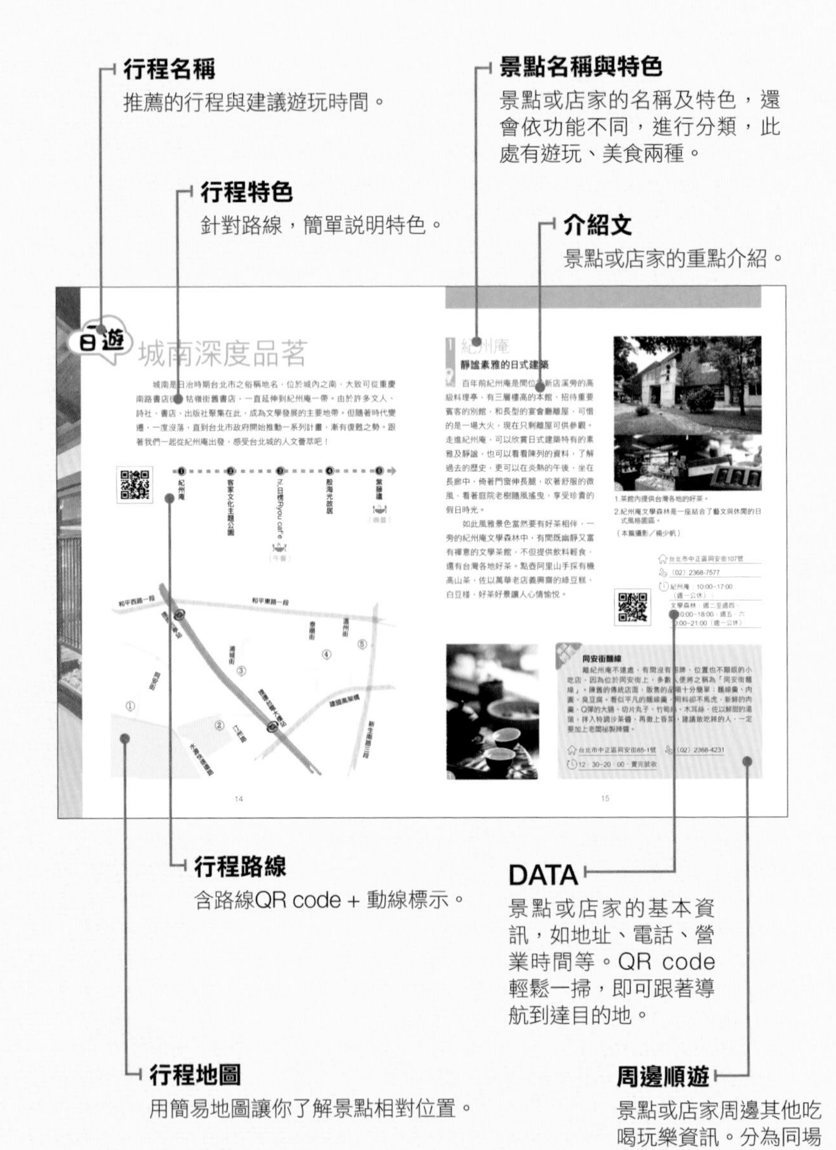
行程推薦
行程名稱
推薦的行程與建議遊玩時間。
景點名稱與特色
景點或店家的名稱及特色，還會依功能不同，進行分類，此處有遊玩、美食兩種。
行程特色
針對路線，簡單說明特色。
介紹文
景點或店家的重點介紹。
日遊
城南深度品茗
紀州庵
靜謐素雅的日式建築
行程路線
含路線QR code + 動線標示。
DATA
景點或店家的基本資訊，如地址、電話、營業時間等。QR code輕鬆一掃，即可跟著導航到達目的地。
行程地圖
用簡易地圖讓你了解景點相對位置。
周邊順遊
景點或店家周邊其他吃喝玩樂資訊。分為同場加映、美味推薦、伴手好禮、季節限定。

這樣也好玩

數條簡易推薦行程，無論一日遊或半日遊，都有規畫，並提供路線QR code。

這樣也好玩

尋幽訪古・植物園

一日遊

琳琅滿目的奇花異卉，生機盎然的樹木植物，植物園堪稱台北市區內的小森林，是很多台北人記憶中一部分。心情略為放鬆後，將腳步移動到站前一帶，美味老店與歷史古蹟林立，充滿的懷舊古早味的午後就此展開！

植物園

有陸域、水域生態之展示空間，以不同主題呈現豐富的動植物生態，是兼具休閒與教育的植物教室。

欽差行台

為接待來台視察的官員所建，是台灣僅存的清代閩南式官署建築。日治時期為興建台北市公會堂（今中山堂），便將建物部分遷建至台北植物園。

龍記搶鍋麵

只賣肉絲搶鍋麵、芙蓉搶鍋麵及小菜。搶鍋是一種烹調手法，先以旺火爆炒，再用小火燜煮，使滋味融合。雖位於極窄巷弄內，卻是人氣美食。

老牌公園號酸梅湯

是用仙楂、烏梅、甘草、桂花熬煮6個小時，酸甜回甘，十分獨特。

二二八和平紀念公園

原名台北新公園，為紀念二二八事件遂改名。公園裡有一些古蹟，如日治時期電台播音塔、老火車頭、急公好義坊和黃氏貞節坊等等。

台灣博物館

原為台灣總督府博物館，是座揉合了多種古典西洋建築元素的建築體，由內到外均是精心設計，氣派十足。

48

主題台北

特別企劃了不同的主題帶你遊覽大台北，每個主題中提供5種風格，共10個景點。

城門、和室與洋房，再現風華

記憶台北：知名古蹟

1 清代孤城老衙門

台灣建省後，清廷政府築起台北府城；時代的浪潮沖垮了環繞的城牆，徒留下孤零零的城門與衙門。

INFO

台北府城北門（承恩門）

地址：台北市中正區忠孝西路一段

欽差行台

地址：台北市中正區南海路53號（植物園內西側）

2 日式建築和風味

優雅而古老的日式木造建築，總是帶有一股安定身心的力量。心情煩躁時，就來這走走吧。

INFO

北投文物館

地址：台北市北投區幽雅路32號

電話：（02）2891-2318

營業時間：10:00～18:00（週一公休）

錦町日式宿舍（樂埔町）

地址：台北市大安區杭州南路二段67號

電話：（02）2395-1689

營業時間：11:30～22:00

TIPS

1.DATA圖示說明：

地址 電話 門票 營業時間

2.本書所提供的店家資訊，皆為採訪時的資料，實際資料以店家提供為準。

目錄 CONTENTS

CHAPTER  自然人文的放鬆

CHAPTER 2 文青風格的浪漫

目錄 CONTENTS

CHAPTER 3 玩樂童趣的美好

CHAPTER 4 踏青休閒的暢快

CHAPTER 5 懷舊風情的重現

台北好行

台北市政府交通局為提供民眾查詢台北市交通及旅運規劃之相關訊息，結合智慧型手機內建Google Maps功能，整合公車、捷運、停車、道路等九大資訊，方便民眾不論使用何種交通工具時，都能快速的查詢到該運具之資訊。

Android

IOS

台北捷運Go

台北捷運公司官方APP，提供「列車到站資訊」、「出入口資訊」、「轉乘資訊」、「旅程規劃」等服務，包括捷運站周邊是否有YouBike站、轉乘停車場和公車資訊，哪個出口有電梯、電扶梯或只有樓梯等資訊也一應俱全，甚至可以計算抵達目的地最適合的路徑及大約所需時間，方便事先安排行程。

Android

IOS

YouBike微笑單車

YouBike微笑單車官方APP，有會員註冊功能，可以快速註冊成為會員，享受騎乘樂趣。不但提供您租賃站位置與站點車輛車位查詢功能，更可登入會員專區，更新個人資料、查詢交易紀錄與進行卡片管理。

Android

IOS

CHAPTER 1

自然人文的放鬆

在繁忙的工作之後，總希望能有暫時遠離塵囂、親近自然的機會，對於居住在大台北地區的人來說更是如此。儘管地狹人稠，但台北仍是個擁有豐富自然生態與人文氣息的地方，跟著我們一起享受巷弄間、城市邊緣的愜意生活吧！

城南深度品茗

城南是日治時期台北市之俗稱地名，位於城內之南，大致可從重慶南路書店街、牯嶺街舊書店，一直延伸到紀州庵一帶。由於許多文人、詩社、書店、出版社聚集在此，成為文學發展的主要地帶。但隨著時代變遷，一度沒落，直到台北市政府開始推動一系列計畫，漸有復甦之勢。跟著我們一起從紀州庵出發，感受台北城的人文薈萃吧！

1 紀州庵

靜謐素雅的日式建築

百年前紀州庵是間位於新店溪旁的高級料理亭，有三層樓高的本館、招待重要賓客的別館，和長型的宴會廳離屋，可惜的是一場大火，現在只剩離屋可供參觀。走進紀州庵，可以欣賞日式建築特有的素雅及靜謐，也可以看看陳列的資料，了解過去的歷史，更可以在炎熱的午後，坐在長廊中，倚著門窗伸長腿，吹著舒服的微風，看著庭院老樹隨風搖曳，享受珍貴的假日時光。

如此風雅景色當然要有好茶相伴，一旁的紀州庵文學森林中，有間既幽靜又富有禪意的文學茶館，不但提供飲料輕食，還有台灣各地好茶。點壺阿里山手採有機高山茶，佐以萬華老店義興齋的綠豆糕、白豆椪，好茶好景讓人心情愉悅。

1.茶館內提供台灣各地的好茶。

2.紀州庵文學森林是一座結合了藝文與休閒的日式風格園區。

（本篇攝影：楊少帆）

台北市中正區同安街107號

（02）2368-7577

紀州庵：10:00~17:00（週一公休）

文學森林：週二至週四、日10:00~18:00，週五、六10:00~21:00（週一公休）

美味推薦

同安街麵線

離紀州庵不遠處，有間沒有招牌、位置也不顯眼的小吃店，因為位於同安街上，多數人便將之稱為「同安街麵線」。陳舊的傳統店面，販售的品項十分簡單：麵線羹、肉圓、臭豆腐。看似平凡的麵線羹，用料卻不馬虎，新鮮的肉羹、Q彈的大腸、切片丸子、竹筍絲、木耳絲，佐以鮮甜的湯頭，拌入特調沙茶醬，再撒上香菜，建議敢吃辣的人，一定要加上老闆祕製辣醬。

台北市中正區同安街85-1號

（02）2368-4231

12：30~20：00，賣完就收

2 客家文化主題公園

濃濃的客家文化與鄉情

提到客家文化，一般人可能只想到客家菜、桐花等淺顯的印象，離捷運台電大樓站不遠的客家文化主題公園，利用簡單有趣的展覽和活動，讓大家更了解客家民俗文化。公園分為室內和戶外兩大區，有客家文化中心和音樂戲劇中心，透過文字、照片、影片、音樂、戲劇，向民眾介紹客家人的源流、食衣住行，以及各種節慶風俗，還常舉辦如野餐、面具彩繪DIY、戶外窯烤等有趣的活動。

戶外園區除了有寬廣的草坪和樹木，還種植了客家四花中的桂花、燈籠花、含笑花、夜合花，並規畫了農村體驗的茶山水田、崇文惜字的敬字亭、符合環保概念的生態溝渠、傳統農家的菸樓水車等，很適合帶小朋友來這邊認識植物、農村生態，還能從公園的跨堤平台騎自行車前往寶藏巖一帶。

1.生態溝渠旁的傳統菸樓水車。

2.客家文化中心內有早期客家房間擺設，充滿古樸風味。

台北市中正區汀州路三段2號

（02）2369-1198

09:00~18:00（週一公休）

3 hi, 日楞Ryou caf'e

去愛，小農綠色食材的美味

坐落在師大商圈的hi,日楞，有個充滿綠意的小花園，門口還會依照二十四節氣掛上可愛的小木牌，室內則有老闆喜歡的復古沙發、黑膠唱片、喇叭花留聲機、可愛的手製雜貨，以及慵懶的小貓。店名來自蒙文「海日楞」，意思是「去愛」，愛生活、愛環境的老闆，每個月都會找時間拜訪小農，尋找無毒健康的綠色食材來製作餐點。

每日限量的「一碗秋波溫沙拉」，乍看之下好像一堆草，其實裡面有小火烘烤3小時的當令有機蔬菜和香草，搭配水波蛋、生菜和甜菜根吐司，既好吃又補充身體所需的纖維。喜歡吃肉建議試試「早安放鬆雞三明治」，亞麻仁厚片吐司夾著滿滿的生菜、青醬，還有軟嫩不柴又有嚼勁的放山雞胸肉，口感清爽又健康。

1.餐點皆以小農種植的無毒健康綠色食材製作。

2.熱愛環境的hi,日楞，店內也販售有機食材。

3.享用完美味餐食，挑一本好書帶領自己度過閒適午後。

台北市大安區浦城街24-1號

(02) 2363-6268

週一至週五08:30~19:00，週六、日08:30~20:00（不定時公休）

4 殷海光故居

哲學界巨擘、自由思想者的故居

台大哲學系教授殷海光，一生秉持著「寧鳴而死，不默而生」的精神，在白色恐怖時期，勇於對抗威權、批評時政，對推動台灣民主運動有重大貢獻。

溫州街巷一帶是日治時期台北帝國大學的教職員宿舍群，不少學者在此居住，洋溢著濃厚的學術氣息。這棟木造日式宿舍建於1945年，保存了殷海光先生重要的文化資產，展示他的生活照片、親手書信和相關文件。

台北市大安區溫州街18巷16弄1-1號

(02) 2364-5310

週二至週六11:00~17:00（週日、一公休）

1

2

3

1.殷海光於1956年住進這棟宿舍，在此度過生命中最後的時光。

2.建築為水泥基底、木造結構。

3.殷海光任教與寫作之餘，最大的興趣就是在這裡整地種樹。庭院中的愚公河，就是他自力改造而成的。

（本篇攝影：YS）

同場加映

舊香居

位在師大附近的小書店，店內呈現一股老派懷舊的氛圍，以收藏古書聞名，匯集了中港台三地的作品，包括文、史、哲、藝術、古舊書、日治時期文獻圖籍、名人信札書畫等等。除了新書分享會、作家對談外，更策劃主題書展，希望將值得推薦的舊書引介給讀者，重現舊書的意義。

台北市大安區龍泉街81號　(02) 2368-0576　13:00~22:00（週一公休）

5 紫藤廬

舊時文人集會場所

台北市大安區新生南路三段16巷1號

（02）2363-7375

10:00~23:00

以庭院中3棵老紫藤蔓為名，紫藤廬最初是台灣總督府高等官舍，到了1950年代成為文人學者聚集，談論民主政治的場所，頗具歷史意義。老宅內部被改建成茶室，以前的客廳現在是大型的飲茶空間，落地窗引進自然光，明亮舒適，靠窗位置可以欣賞前院綠意；右側空間屋頂採用剖半竹片裝飾，透過日光照射讓屋內不同時間有不同的光影呈現。

這裡的茶飲選擇眾多，高山烏龍、龍井、坪林包種、木柵鐵觀音、普洱茶應有盡有，還有春悅、雲詠、謐香等雅致的名字。搭配的茶點也別具特色，除了香甜Q軟的柔玉、麻糬，還有台南玉井之門的芒果乾、員工研發的茶葉鳳梨酥、茶農手做茶梅等等。

1.在氣質老宅裡喝茶吃點心，別有一番風味。

2.在這麼幽靜有氣質的地方飲茶，真是再適合不過了。

（本篇攝影：楊少帆）

溫泉體驗×最美公園

北投位於台北市最北邊，有很多歷史老建築都在這一帶，包括散發幽幽古香的梅庭、北投文物館、溫泉博物館等等，還有全台灣第一座綠建築圖書館「台北市圖北投分館」，更有瀰漫著裊裊煙霧的地熱谷、隱藏在巷弄間的繁花綠蔭等自然美景。跟著我們一起遠離都市的塵囂喧鬧，來這裡享受短暫的寧靜吧！

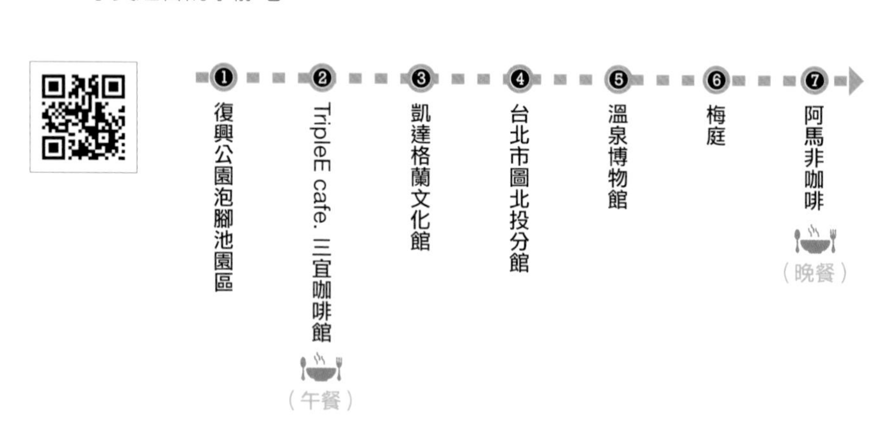

1 復興公園泡腳池園區

可欣賞大屯山美景的優質湯泉地

北投有3處免費的溫泉泡腳池，交通最方便的就是「復興公園泡腳池」，從新北投捷運站出來，走路五分鐘就可以到。這個泡腳池採用開放式設計，共有3區溫泉池，可容納約百人，既通風又能欣賞大屯山美景。這裡的溫泉來自地熱谷泉脈，泉色透明帶青，俗稱「青磺」，是亞洲唯二的優質溫泉，溫度大約在50～70℃。

木製座椅的復古風，很有日式浴場的氛圍。

台北市北投區中和街61號（對面）

08:00~18:00（週一公休）

注意事項：

① 泡腳池深度較深，建議穿著或攜帶短褲前往。
② 入池前應先清洗雙腳，禁止飲食、抽菸、嚼檳榔，可喝水。
③ 泡腳不宜超過15分鐘，建議每15分鐘離開水池稍作休息。

2 TripleE cafe. 三宜咖啡館

身心充電，享受慵懶的優閒午後

挑高的店面，寬敞舒適的空間，坐在窗邊，沐浴在點點灑落的陽光中，讓人懶洋洋不想動彈。想要優閒地度過午後時光，建議來份「蜂蜜麻糬鬆餅」，再搭配熱拿鐵或冰滴咖啡；如果有點餓，想來些能飽肚的輕食，就要點份「生菜牛小排烤軟法麵包」，將肉質軟嫩的澳洲牛細火慢烤，搭配麵包和蔬菜，好吃又有飽足感。

長桌旁的可愛熊娃娃十分吸睛，而利用照片來取代真正的盆栽，也突顯店家的別出心裁。

台北市北投區大業路719-1號

（02）2896-3101

週一、二、五11:00~19:00，週六、日09:00~19:00（週三、四公休）

3 凱達格蘭文化館

絢麗多元的原民文化

「北投」在400多年前曾是凱達格蘭族人的生活源居地，此一地名也是由凱達格蘭族語音譯而來的，當時這裡瀰漫著煙霧、硫磺味，草木不生、地熱如炙，居住在此的凱達格蘭族就稱之為「PATAUW」，意思是「女巫的住所」。後來神祕的女巫住所被熱愛溫泉的日本人發現，修建溫泉旅館、浴場，成為高級的度假勝地，連裕仁天皇都遠道而來。

為了紀念當時在此生活的凱達格蘭族，特別設立「凱達格蘭文化館」，讓民眾多了解原住民文化。文化館地下一樓不定期舉辦原住民精品展覽；二樓有各族文化、傳說的簡短文字介紹，陳列各族服飾，並播放原住民介紹影片；三樓展出生活用品及樂器。參觀後對於幾百年前生活在這裡的原住民，一定會有更多的了解。

台北市北投區中山路3-1號

(02) 2898-6500

09:00~17:00(週一、國定假日公休)

1.館內由內到外都展現了台灣原住民豐沛的活力。

2.透過各項設施，可加深對原住民文化的認識。

3.常設展區介紹不同原住民族群的衣飾文化。

49 台北市圖北投分館

全球最美25座公立圖書館之一

以舒適、節能與健康等綠建築概念打造，三層空間中大量使用木造及落地窗設計，讓自然光透進來，並捨棄充滿壓迫感的大型書架，改用110公分高的矮櫃作為書架，讓空間更加通透寬敞。炎炎夏日走進室內，馬上能感到有別於空調的舒適涼意，原來不僅屋頂鋪有降溫效果的草皮，館內更採用挑高夾層的高低窗產生的「浮力通風」，引進戶外清新的空氣，既省電又舒適。

室內閱讀區的座椅設計多樣又舒適，書架間的座位，取書、還書超方便；窗邊的座位，眼睛疲倦時可以看看窗外大片綠意；春秋之際，最棒的座位就是一、二樓延伸出去的戶外閱讀平台，能欣賞遠處風景，又有徐徐微風迎面而來，看書同時還能享受自然氣息。

1.圖書館隱身樹叢中，看起來就像一座大型樹屋。

2.挑高設計使空氣流通，自然的涼風令人感覺舒適。

3.在戶外閱讀，感受大自然的悠閒氣息。

台北市北投區光明路251號

(02) 2897-7682

週日、一09:00~17:00，週二至週六08:30~21:00

5 溫泉博物館

前身為東亞最大公共浴場

過去是斥資5萬6千多元規畫興建，號稱東亞最大的溫泉公共浴場；時過境遷，熱鬧的浴場變身為展現北投溫泉風華的博物館。順著舊時浴場動線前進，由二樓入口前往一樓浴場，參觀女性專用小浴場，從旁邊的介紹了解北投溫泉文化的由來後，前進到男性大浴池。大浴池是浴場參觀重點，這個必須站著泡的大浴池，旁邊用歐式圓拱列柱圍起，牆上還有彩色鑲嵌玻璃，製造出明亮華麗的入浴氣氛。

接著到鋪著榻榻米的二樓大廳，以前的人會在泡完澡後到這裡賞風景、下棋，身心舒暢後再整裝返家。除了浴場設施，博物館還陳列了珍貴的北投石，及北投拍攝的老電影等資料可以參觀，想了解北投溫泉文化，一定要來趟溫泉博物館！

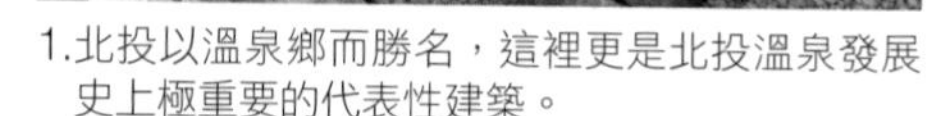

1.北投以溫泉鄉而勝名，這裡更是北投溫泉發展史上極重要的代表性建築。

2.北投石是因青磺泉而產生的硫酸鉛鋇礦物，十分稀有。

台北市北投區中山路2號

（02）2893-9981

09:00~17:00（週一、國定假日公休）

6 梅庭

細膩建築裡的悠悠墨香

這座建於1930年代末的日式平房，曾是政治家兼書法家「于右任」的避暑別館。建於戰爭時期，而有著細膩、值得欣賞的建築工法；牆壁為了防潮鋪有4種不同材料，屋頂使用從歐洲學到的防坍塌斜樑，還用鋼筋水泥打造了防空避難地下室。參觀空間雖不大，但可在熱心志工解說下仔細觀察房屋細節，更能增添趣味。

1.「梅庭」為一棟見證戰爭時代的日式建築，順應地形而建，共分上、下二層。

2.在庭院就能欣賞庭園的景致。

3.來這裡可了解「一代草聖」于右任過去的事蹟，欣賞他優美的草書作品。

台北市北投區中山路6號

（02）2897-2647

09:00~17:00（週一、國定假日公休）

7 阿馬非咖啡

吃出原味的義大利美食

以「人生必遊的50個地方」之一的義大利阿馬非海岸為名，這裡的裝潢帶點地中海風情，餐點是義大利的代表美食披薩和義大利麵。精心挑選小農種出的優質蔬果，呈現出食材原本的滋味，尤其是店長推薦的「香蒜辣椒義大利麵」，配料簡單卻更能品嘗到辣椒的「辣」、大蒜的「香」，以及麵條的「彈」。

1.特製烤窯能快速烤出內濕潤、外Q軟有嚼勁的拿坡里披薩。

2.營造出地中海風情的空間讓人感覺溫暖舒適。

3.「鄉村蔬菜披薩」會在上桌後撒上現磨起司，入口即能感覺到香濃的起司味。

台北市北投區大業路516巷2號

（02）2895-1125

11:00~21:00

小鎮風情・水金九

水金九指的是水湳洞、金瓜石、九份一帶，水湳洞因後山有個山洞形似《西遊記》中的水濂洞而得名，有陰陽海、十三層遺址等自然人文景觀。金瓜石曾因開採金礦而繁華一時，黃金博物館、黃金瀑布、太子賓館、日式四連棟宿舍等景點，都是遊客必訪之處。而山城氛圍濃厚的九份，更是此區人潮絡繹不絕的主因。

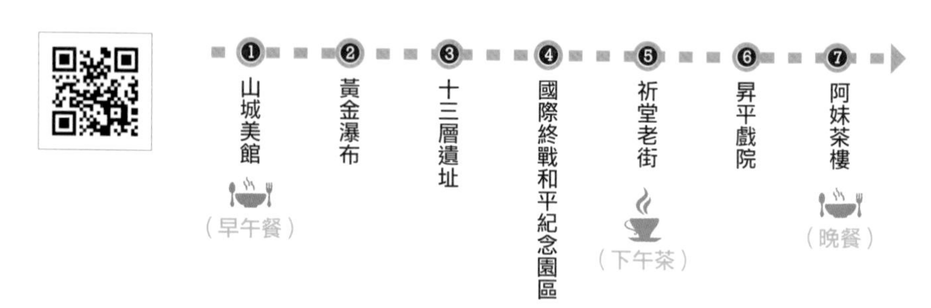

1 山城美館

充滿藝術氣息的美學天堂

新北市瑞芳區洞頂路155-8號

0963-663-003

09:30～17:30（週一公休）

又稱水湳洞展演藝廊。原為日治時期的舊戲台，之後變成民眾聚會的禮堂，歷經一段荒廢期後，才由政府著手整修，並由在地藝術家團隊承租。除了有常態展外，也舉辦藝術家聯展、茶席體驗、講座，並作為藝術家創作空間、不一鼓表演練習空間等。近年來更利用社區內其他閒置空間，陸續打造了山城食堂、山城背包客棧等新據點。若還沒有用餐或想嘗些小點心，可以到一旁的食堂，享用以小農食材製成的餐點及公平貿易咖啡喔！

陰陽海

位於水湳洞聚落北側，由於金瓜石山區溪水匯集入海，水中礦物質含量頗高，使得入海口長年呈現半金黃、半碧藍的鮮明對比，因而得名。

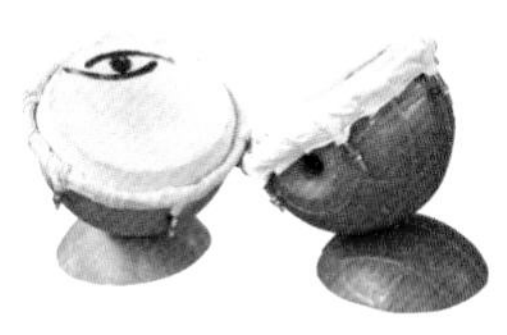

1.獨一無二的「不一鼓」以漂到水湳洞海濱的流浪浮球，封上厚棉布製成，鼓面繪上象徵浮球故鄉的海洋之眼。

2.由紅磚砌成的復古建築，來這裡除了可以遠眺陰陽海，還能觀望十三層遺址。

2 黃金瀑布

見證採礦史的金黃坡道

位於金水公路往水湳洞長仁社區方向的路旁。瀑布小溪的上游，早期是採礦之處，當雨水滲入礦區，與黃鐵礦和硫砷銅礦接觸，便產生了金黃偏橘色的酸性水。這些帶有重金屬的水質，看似美麗卻充滿危險，接觸多了會腐蝕人的肌膚，千萬不要隨意觸碰。

黃金瀑布是水金九必訪景點，更是攝影玩家的朝聖地。

新北市瑞芳區金水公路距水湳洞1.2公里

3 十三層遺址

金瓜石一帶最大的選礦場

日治時期為處理礦砂生產粗銅的選礦煉製場，後來成為台金公司的選礦場。依山勢層層向上搭建而成，神祕而雄偉的建築，見證了金瓜石的興盛衰敗；滄桑的氛圍，更吸引許多歌手到此拍攝MV。遺址旁有綿延數公里的廢煙道，宛如匍匐於山坡的黑色巨龍，是台金舊礦場時期為排放煉銅時產生的大量毒煙所設立。煙道內殘存有毒物質，附近土壤和水源所含的重金屬也超標，建議不要進入。

雖位於荒煙蔓草之中，但其規模之巨大，不難想像當年此地以採礦維生的盛況。

新北市瑞芳區

4 國際終戰和平紀念園區

具重大歷史意義及和平象徵

位於勸濟堂的正下方，過去是台灣第一戰俘營。1942年至1945年間，日軍將一千餘名從南洋俘虜而來的英國國協與同盟國軍人，關押在此地，並且勞役他們從事採礦工作。由於生存環境和醫療條件不佳，不少戰俘命喪於此。1997年時，台灣戰俘營紀念協會積極催生興建紀念碑，不僅提醒人們戰爭之可怕，更是對二次大戰期間，在此地或者其他地方的戰俘們之致敬。

新北市瑞芳區金瓜石祈堂路40號旁

1.石牆刻有當年幾千名受困戰俘的名字。

2.藝術家吳宗富雕塑的紀念雕像，寫著「沒有夥伴的相互扶持，戰俘無法僥倖存活」細說採礦情誼。

5 祈堂老街

曾有小銀座美稱的寂靜山城

屋舍依山勢而建，是早期礦工生活的商業買賣中心。後因採礦停止、火災事故及人口外移而繁榮不再，老街上多為僅剩商號的空蕩店家，但街上獨特的日式建築與高低起伏的山城小徑，仍深深吸引著來訪的遊客。街上有家「真心咖啡館」提供簡單的飲品和輕食點心，愛心招牌更成為老街的特色。

新北市瑞芳區金瓜石祈堂路

1.老街的清幽靜謐值得細細品味。

2.阿婆柑仔店販售彈珠汽水、蜜餞、麵茶粉等等懷舊零食。

6 昇平戲院

舊時代戲院風華再現

電影《悲情城市》是國片中的經典之作，九份也正以此名聞海內外，成為熱門觀光勝地。昇平戲院是當時的取景地之一，它曾是日治時期全台最大的戲院，後因九份人口外流嚴重而結束營業。現由新北市政府重新整建，恢復電影院的功能。內部5、60年代的情境布置，讓人彷彿一下子回到過去的美好時光。

1.許多經典電影都曾在昇平戲院取景。

2.五、六〇年代的情境布置，令人彷彿置身於舊戲院的感覺。

新北市瑞芳區輕便路137號

（02）2496-9926

平日09:30~17:00，假日09:30~18:00（每月第一個週一公休）

7 阿妹茶樓

九份最早的茶藝館之一

座落於豎崎路上的阿妹茶樓，有著古色古香的茶具陳設、排列整齊的竹編裝飾，在具有東方文化氣息的環境下，品嘗現調飲料、特色餐點，或是限量手工茶點，更有風味。由於視野極佳，不論是白日遠眺山海，或是晚上觀看夜景，迷人的九份風情都能一覽無遺。

1.外觀建材使用木造，有著濃厚的日式建築風格。

2.街上的紅燈籠傍晚漸漸亮起，更添特別氛圍。

（本篇攝影：YS）

新北市瑞芳區市下巷20號

（02）2496-0833

平日08:30~01:30，假日08:30~04:00

故宮文物×官邸綠意

士林，舊名為「八芝連林」，是平埔族八芝蘭林社（Pattsiran，意為溫泉）的所在地。清代時改稱為「芝蘭」，後來因為普設私塾、社學，讀書考科舉風氣興盛，所以就取「士子如林」之意，改名為士林。除了優美的自然環境外，也承襲了舊時的人文氣息，至今仍以擁有許多文教館所、歷史人文景點及娛樂逛街好去處，深深吸引著許多遊客前來。

1 故宮博物院

典藏中國五千年歷史文物

靠近外雙溪的故宮博物院，擁有「中華文化寶庫」之美名。建築仿北平故宮博物院之配置風格，是一座中國傳統宮殿式建築，白牆綠瓦，平面呈梅花形，分為五個大廳、四層樓設有展覽室二十餘間。院內匯集了北平、熱河、瀋陽三處清宮之文物，60多萬件收藏品多為昔日中國皇室的珍藏品，舉凡書畫、銅器、瓷器、玉器、漆器、雕刻、印拓、錢幣、鼻煙壺、善本圖書、文獻檔案等等。正館的常設展，多會依照文物類別訂定主題，系統性的陳設展品，並定期輪換。

1.故宮博物院是一座中國宮殿式的建築，十分壯觀。

2.故宮博物院前的鑄鼎，是許多遊客合影的地方。

3.禮品部在近年來，也推出許多具代表性的文創商品，引來搶購風潮。

台北市士林區至善路二段221號

（02）2881-2021、（02）6610-3600

全票250元

展覽區一（正館）：08:30~18:30，全年開放。（週五、週六夜間延長開放至21:00，此時段國人憑身分證件可免費參觀），其他館開放時間請參閱國立故宮博物院官網

1.至善園內的洗筆池水面如鏡，景色優美。

2.松風閣是兩層的木造建築，古意盎然。

3.池內許多錦鯉優游其中，遊客經常會來此地購買魚飼料餵魚。

2 至善園

仿古景致的優美庭園

占地廣大、古色古香的至善園就位在故宮旁邊，是一座擁有仿古宋元景致的優美庭園。庭園中有洗筆池、龍池等3座相通的大池塘，還有一座小巧的蘭亭、臨水而建的碧橋溪水榭、兩層樓高的松風閣，這都是以王羲之的《蘭亭序》為藍本所打造。穿過有花草雕飾的木門，甫進來便能看見波光粼粼的洗筆池，順著蜿蜒小徑走到池邊的碧橋溪水榭，一覽池上風光。

龍池邊的松風閣前種了不少松樹和梅樹，冬天花開的時候吸引許多人專程前往賞花。兩層樓的建築乍看之下質樸無奇，細看卻發現柱子都有細膩的龍鳳雕飾，一樓還有一塊刻著黃庭堅《松風閣詩帖》的長方黑色石碑，優美的行書引人駐足觀賞；爬上二樓登高望遠，至善園全景一覽無遺，令人心曠神怡。

台北市士林區至善路二段221號

(02) 2881-2021

20元

4月至10月08:30~18:30，11月至3月08:30~17:30（週一公休）

3 1 Bite 2 Go Café & Deli

餐點分量也很美式

國賓飯店旗下的美式餐廳「1 Bite 2 Go」，挑高的空間利用白、灰色系加天然木色，打造出洋溢活力，令人輕鬆自在的空間。店內前半部是外帶區，提供沙拉、三明治、甜點，常可見外國客人在櫃台前點餐。值得注意的是，這裡的餐點分量也「美式」得很徹底，沙拉秤重賣，餐點是美國尺寸，小胃口的女生們點餐前可要仔細考慮。

推薦滋味酸甜的「草莓香蕉法式吐司」，帶有濃郁肉桂香的法式鬆餅撒上雪白糖粉，搭配新鮮香蕉、甜而不膩的自製草莓醬和鮮奶油，不僅色彩繽紛引人食慾，草莓醬的酸甜、香蕉的軟糯、吐司的奶蛋香，創造出豐富多樣的口感，當早餐或下午茶都很適合。另外，附餐的自製肉桂卷也很推薦，充滿肉桂香氣的麵包烤到外酥內軟，抹上厚厚糖霜，配上熱咖啡，就是簡單又美味的早餐。

台北市士林區中正路115號

（02）2882-5676

10:00~21:00

1.店內裝潢簡約大方，寬敞舒適，也吸引不少外國人前來用餐。

2.酸甜可口的「草莓香蕉法式吐司」，非常適合三五好友一同分享。

3.挑高空間，加上壁燈、桌椅、掛畫，營造出美式風格。

4 士林官邸

精緻秀麗的花園造景

先總統蔣中正、蔣宋美齡夫婦住了26年的士林官邸，分為主館和公園兩區域，主館是蔣中正夫婦居住的地方，室內陳設都和當年一樣；除了參觀屋內空間，還會有每年更新主題的特展。

官邸公園面積廣大，有精緻的庭園造景，蟲鳴鳥叫、景色秀麗，有外花園、內花園、正房、栽種蘭花的溫室盆栽區、玫瑰園、凱歌堂、新蘭亭和慈雲亭，其中又以外花園和玫瑰園最有特色。外花園是廣植花卉的西式庭園，更是每年菊展時的主題園區，萬朵菊花齊開非常美麗。而蔣夫人最愛的玫瑰園，在每年11月到隔年4月盛開，色彩繽紛，美不勝收。

台北市士林區福林路60號

(02) 2883-6340

09:30~12:00，13:30~17:00（週一公休）

1.玫瑰園中有200多種玫瑰、4000多株玫瑰花。

2.從前讓人感覺神祕有距離的官邸，現在是民眾賞花散步的好去處。

3.每到花季常吸引攝影愛好者前來捕捉花朵的美麗風姿。

5 士林夜市

美食雲集饕客最愛

士林夜市是台北市範圍最大、知名度最高的夜市，這裡攤商眾多，吃喝玩樂應有盡有，深受民眾和外國觀光客的喜愛。而最受歡迎的還是味美價廉的銅板美食。

好逛、好玩又好吃的士林夜市，堪稱台灣夜市的代表。

郭家蔥油餅

雖然用油炸的方式處理蔥油餅，但油瀝得夠乾，吃起來不會很油。炸得蓬鬆的蔥油餅加蛋，刷上一層油亮的醬汁，趁熱咬一口，餅皮酥脆，雞蛋滑嫩綿細，便宜又好吃。

台北市士林區文林路113號（陽明戲院前）

15:00~01:00（不定期公休）

現炸蔥油餅酥脆的鹹香魅力讓人無法擋！

大上海生煎包

現做現賣，是夜市裡超人氣的排隊小吃。生煎包分為肉包和菜包，肉包皮薄有嚼勁，帶點淡淡甜味，微焦的底部、鮮甜多汁的內餡，略帶點蔥香，還能帶著邊逛邊吃很方便。

台北市士林區文林路99號　（02）2881-6929

週一至週五15:00~24:00，週六、日15:00~01:00

堅持選用最好、最新鮮的食材，是造成大排長龍的原因。

辛發亭冰品名店

士林50年老店，據說是雪片冰創始店。招牌的「抹茶紅豆雪片冰」，雪片層層分明，入口綿柔，帶著淡淡抹茶香和微微茶澀味，搭配煮到鬆軟的甜蜜紅豆泥，2種味道完美交融，難怪會是店內招牌美食！

台北市士林區安平街1號　（02）2882-0206　15:00~24:00

冰品種類多元，深受好評！

淡水老街×碼頭夕照

你可曾聽過已故歌手洪一峰的《淡水暮色》，或是「金門王與李炳輝」的《流浪到淡水》？淡水獨特的人文風物在歌曲中表露無遺。無論漫步在淡水河岸，觀看沿岸中西交融的特殊景致；或是坐在河畔的咖啡館喝杯咖啡，遠眺觀音山、出海口的迷人風景；又或者是搭快速遊艇到漁人碼頭，都能讓你對水鄉風情印象深刻。

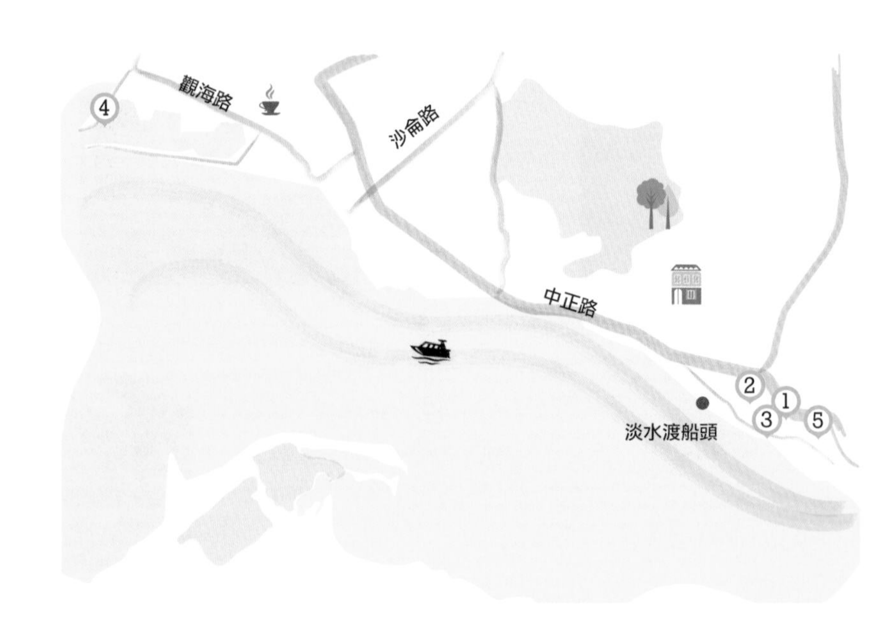

1 三協成餅鋪

推廣傳統文化的餅鋪

創始於昭和十年（西元1935年），餅鋪取名「三協成」的意義是希望創業的兄弟三人能同心協力經營而有所成。店內產品多元，不僅提供試吃，還有茶水。成立「三協成糕餅博物館」，定期舉辦模具、老機器、油畫、雕塑等展覽，致力推廣淡水傳統文化。

新北市淡水區中正路81號

（02）2621-2177

09:00~20:30（週一公休）

1.招牌商品「冬瓜肉餅」是創辦人李水清研發的中西合併水晶餅。

2.三協成成立至今已逾一甲子。

黑殿飯店

先醃後炸、份量夠大的美味排骨，鮮嫩多汁，相當入味。不僅陪伴老、中、青三代共同成長，更吸引名人前來品嘗及媒體報導。

新北市淡水區中正路11-10號（右岸店）

（02）2626-6363

平日11:00~20:30，假日11:00~21:30

1

2

2 阿婆鐵蛋

耐嚼好吃的古早味

人氣超夯的阿婆鐵蛋是來到這裡必買的伴手禮。用醬油、冰糖和特製中藥五香配方，經過三小時滷製後，再慢慢風乾，每天按此程序製作，需要耗時一週才能完成。鐵蛋分成雞蛋和鵪鶉蛋，滷汁透入蛋內，外皮咬勁十足，越嚼越香。

1

2

新北市淡水區中正路135-1號

(02)2625-1625

09:00~22:00

新建成餅店

以芝麻蛋黃餅最為著名，包含13種食物原料，香酥餅皮與甜味適中的內餡，奶油香、芝麻香，讓人一口接一口。講究手工製作，不添加防腐劑，近年來更逐漸加入一些健康、養生的食材。也是許多人喜餅的首選之一。

新北市淡水區公明街42號

（02）2629-1180~6、（02）2621-1133

08:00~22:00

1.嚼勁十足的鐵蛋製作十分費時。

2.淡水很有名的還有魚酥，在這裡也買得到，分成原味和香辣兩種。

3.真空包裝能保持鐵蛋的新鮮度，讓遠道而來的遊客能夠帶回與家人、朋友同享。

3

3 淡水環河道路

細賞淡水河岸風情

為淡水老街後方的河岸景觀，若是傍晚的時候來到這裡，看著淡水河面映著夕陽，金色波浪和老街的古色建築交織，更為迷人。吹著微風、沿著淡水河畔散步，除了可以看水景外，也可以看見各式有趣的商店林立。

新北市淡水區環河道路

1.搭載觀光客的水上觀光道路，可前往八里左岸碼頭、漁人碼頭。

2.沿線寬廣的視野令人心曠神怡。

（本篇攝影：YS）

淡水藝術工坊

座落於淡水中正路老街尾段處，是新北市第一座公共綠建築。原本是清朝時期的班兵會館、日治時期的警眷宿舍，現已成為淡水各類藝文展覽的中心。外型為強調透明視野的四層樓鋼骨建築。不僅外型奇特，內在設施也有多樣化功能。

新北市淡水區中正路298號

（02）8631-7298　11:00~21:00

1

2

4 漁人碼頭

浪漫的夕陽水岸

舊名淡水第二漁港，目前為一個兼具遊憩功能的港區公園。漁人碼頭是一座浮動碼頭，會隨海水漲退潮而上下浮動，可同時容納150艘漁船停泊，相當壯觀，是特色之一。人行跨海大橋又稱「情人橋」，以流線彎曲造型橫跨港區，大橋就像一面白色風帆，傳遞著一帆風順的祝福。碼頭這裡常會舉辦藝術市集、水岸文化音樂祭等等活動。

碼頭旁有個費時四年，耗資三億打造的情人塔。當座艙緩緩上升的時候，會360度的環繞，將淡水河景盡收眼底；以郵輪造型打造，有「福容愛之船」之稱的淡水福容大飯店，歐式的建築，別有異國風情。

新北市淡水區沙崙里第二漁港

（02）2960-3456

1.夕陽的光影在水面上閃閃發亮，如同詩畫的日落黃昏，是不容錯過的景色。

2.白色風帆造型的情人橋是漁人碼頭的招牌地標。（攝影：許雅眉）

3.入夜後，情人橋的橋身會變換五彩燈光，十分迷人。

1.小小的書店空間，散發著輕鬆、自然和愜意的氛圍。

2.坐在露天陽台翻書，還能欣賞觀音山和淡水河美麗的景色。

5 有河Book

有書有河還有貓

順著窄小的樓梯上到二樓，迎面看見的是以藍色為主調的小空間，架上滿滿的書籍，有文學、電影、生態、旅遊、二手書、影音產品等等，也有一些寄賣的手工書與雜貨。有河book也是淡水的愛貓重鎮，負責人是個愛貓人士，店內除了有貓出沒外，還有許多貓咪小卡片，上頭寫著：「貓咪不是寵物」、「貓咪熟睡中請忍耐不要摸」。

新北市淡水區中正路5巷26號2樓

（02）2625-2459

12:00~22:00（週一公休）

大漢溪畔玩藝趣

大漢溪沿途的左、右岸，有許多地方建有河濱公園，並規畫自行車道，為民眾提供了假日玩賞的好去處。不妨在品嘗早午餐後，前往緊鄰大漢溪畔的板橋435藝文特區逛逛，園區內有台灣玩具博物館及利用廢棄圖書館改造的濕地故事館。稍晚到橫跨新北市板橋、新莊兩區的新月橋，一覽大漢溪迷人的河岸風景，最後到對岸的新莊廟街逛夜市、吃小吃。

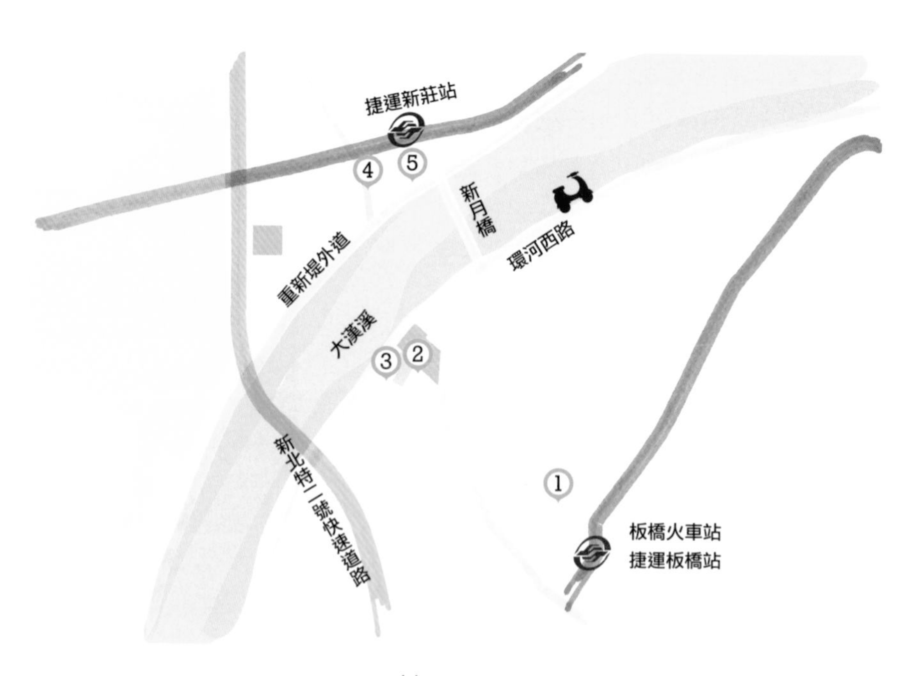

1 好初De˅Li

店如其名的人氣早餐

「好初」不只代表美好的開始，聽起來也很「好吃」，De˅Li是台語的「第二」。店內空間溫暖放鬆，每個座位都能享受陽光，還有許多讓人可以邊吃早餐邊翻閱的雜誌，「麥特牛肉厚壓餅」是在西式的厚壓餅中，包入沙茶牛肉和香濃起司，沙茶醬中還加了點花生醬，以鹹甜的滋味擄獲顧客的心。

新北市板橋區建國街118號

(02) 2960-0788

08:00~16:00（不定休）

1.店內裝飾頗有文青風格，常常一大早就客滿，可以想見其人氣。

2.外表看起來就像一般帕尼尼的「麥特牛肉厚壓餅」，咬一口才知道滋味很特別。

2 板橋435藝文特區

活動豐富，大人小孩都喜歡

圍牆畫滿鮮豔有趣的塗鴉，園區內花木扶疏、綠地廣大。主建築中正紀念堂帶有濃濃歐風，希臘式三角形的山頭、古典圓柱加上精緻雕刻的牆面讓外觀看起來相當華麗。裡面是挑高的枋橋大劇院，二樓還有435週末藝術小學堂、藝文展演區，不定期有展覽、表演及藝術教室可參加。

白砂區每到假日都擠滿開心玩砂的小朋友。

新北市板橋區中正路435號

(02) 2969-0366

戶外06:00~22:00，展館週一至週五09:00~17:00，週六、日09:00~18:00（每月第一個週一公休）

心型拱門充滿浪漫氛圍，是遊客必拍的裝置藝術。

3 台灣玩具博物館

玩性大開，大小朋友都喜歡

新北市板橋區中正路435號
0917-567-617
50元
10:00~17:00（每月第一個週一公休）

全台唯一的台灣玩具博物館，收藏了捏麵人、芭比娃娃、無敵鐵金剛等3000多件玩具，希望藉由玩具博物館的展出以及導覽解說，讓大家可以重新省思玩具帶來的樂趣及感染力。此外，園區內還有童玩、益智、廟會遊戲區，不僅可以重溫兒時愉快回憶，還能動手玩一玩。

同場加映

新月橋

板橋435藝文特區旁有個小門可以通往新月橋。橋上規畫了四種不同特色的觀景休憩平台，可以一覽沿途風景，還有透明面板的天空步道，可以觀看下方大漢溪的景色。傍晚時來散步，十分浪漫；夜晚光雕秀，七彩燈光的律動不容錯過，是約會和攝影好景點，也成為板橋、新莊一帶的新地標。

館內展示許多古早味童玩，讓人彷彿回到舊日時光。

4 林記香菇肉羹

鮮甜實在古早味

走過新月橋，來到新莊廟街上享用美食。開了60多年的小店只賣乾麵、香菇赤肉羹、羹麵。肉羹湯給料大方，使用新鮮豬後腿肉，醃漬後裹薄粉汆燙，吃得到肉的鮮甜，好嚼又不乾澀；羹湯只加了簡單的香菇和筍絲，清爽不油膩還帶有醋香。乾麵淋著有點像海山醬的紅色醬料，吃起來甜、鹹、香兼具，很有古早味。

新北市新莊區新莊路344號

(02) 2276-3647

10:00~23:00

武聖廟旁的林記香菇赤肉羹店面不大，卻是傳承三代的廟口美食。

5 老順香糕餅店

台式貝果——鹹光餅

自日治時期創業至今已有140年的老順香糕餅店，沒有華麗的裝潢，但招牌鹹光餅可是新莊地藏庵每年廟醮時必備食品，也是新莊人記憶中的老味道。鹹光餅外型長得像貝果，以米和糖手工製成，味道很像蘋果麵包，但口感更為扎實，而且越嚼越香，吃了很有飽足感。店內的金牌鳳梨酥也是令人讚不絕口的招牌商品！

新北市新莊區新莊路341號

(02) 2992-1639

09:00~23:00

帶著一股淡淡的麵香，繼光餅簡單樸實的口感，讓人一口接一口。

尋幽訪古・植物園

琳琅滿目的奇花異卉，生機盎然的樹木植物，植物園堪稱台北市區內的小森林，是很多台北人記憶中一部分。心情略為放鬆後，將腳步移動到站前一帶，美味老店與歷史古蹟林立，充滿的懷舊古早味的午後就此展開！

1 植物園

有陸域、水域生態之展示空間，以不同主題呈現豐富的動植物生態，是兼具休閒與教育的植物教室。

攝影：YS

2 欽差行台

為接待來台視察的官員所建，是台灣僅存的清代閩南式官署建築。日治時期為興建台北市公會堂（今中山堂），便將建物部分遷建至台北植物園。

3 龍記搶鍋麵

只賣肉絲搶鍋麵、芙蓉搶鍋麵及小菜。搶鍋是一種烹調手法，先以旺火爆炒，再用小火燜煮，使滋味融合。雖位於極窄巷弄內，卻是人氣美食。

4 老牌公園號酸梅湯

是用仙楂、烏梅、甘草、桂花熬煮6個小時，酸甜回甘，十分獨特。

5 二二八和平紀念公園

原名台北新公園，為紀念二二八事件遂改名。公園裡有一些古蹟，如日治時期電台播音塔、老火車頭、急公好義坊和黃氏貞節坊等等。

6 台灣博物館

原為台灣總督府博物館。是座揉合了多種古典西洋建築元素的建築體，由內到外均是精心設計，氣派十足。

坪林茶鄉×低碳樂活

先到金瓜寮溪享受祕境之美，稍晚造訪文山包種茶的主要產地「坪林」。大街上茶莊林立，販售各式茶製品；老街內則有石板古厝、傳統柑仔店，吸引遊客在此悠閒漫步！一起來去坪林聞茶香、品茶點！

1 金瓜寮魚蕨步道

有原始自然景觀，地表蕨類生長茂密，多元的溪流環境，提供魚類生存的各式棲地，沿岸林相蓊鬱，更吸引許多鳥類在此棲息，是適合觀魚賞鳥的好地方。

2 坪林形象商圈

有現代化的店舖及公開的產品價格，是品茶用餐、購買伴手禮的好去處。也千萬不要錯過別具風味的茶油麵線！

3 心心麵包店

位於坪林國小對面。招牌「芋頭吐司」以鬆軟綿密的麵包，包入芋頭顆粒的內餡，受到老饕們的喜愛。

4 坪林老街

有樸實的風貌。街上販售的茶葉蛋，歷經72小時燉煮，清香Q彈；茶葉冰淇淋也是遊客必嘗甜品。

5 坪林舊橋、坪林拱橋

坪林舊橋優美雅致，屬於巴洛克式的建築，現在僅供行人通過；一旁新建的坪林拱橋，現代感十足，藍色的鐵橋十分醒目，是坪林的地標之一。

攝影：YS

6 茶業博物館

閩南式四合院建築，用磚瓦與木材營造古色古香的氛圍。設有展示館、體驗館、茶藝教室及文化商店，完整介紹台灣茶葉的發展。

7 茶郊媽祖

早年從福建引進茶工，橫渡風險極高的黑水溝，全靠媽祖庇佑，因而成為茶界守護神。本尊由台北市茶商公會供奉，後「分靈」、安座奉祀於坪林生態園區的「思源臺」。

烏來老街×瀑布溫泉

Ulay是泰雅族語的「溫泉」，境內擁有豐富的自然景觀與生態資源，而泰雅文化更是這趟旅行的重點之一。烏來一年四季的風景都很迷人，春天可以來賞櫻，夏天則從事露營、釣魚和抓蝦等消暑活動，秋天則有楓紅、瀑布美景能夠觀賞。趕快安排一趟烏來之旅吧！

1 烏來泰雅民族博物館

館內的展覽將泰雅族人食、衣、住等歷史文化與生活哲學──呈現，藉此傳承原住民文化，並讓民眾更加瞭解與尊重當地原住民生活。

攝影：余雅婷

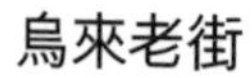

2 烏來老街

充滿濃厚的原住民風情，每到泡湯及賞櫻的旺季，人潮更是水洩不通。高家溫泉蛋的冰溫泉蛋、環山包子店純手工製作的白胖包子，都是老街上不容錯過的小吃。

3 烏來瀑布

烏來瀑布是烏來的代表景觀之一，瀑布高達80公尺，寬約10公尺，在日治時期有「雲來之瀧」的美譽。碰上雨量充沛時期，瀑布的水勢會分成兩道飛泉，傾瀉而下，十分迷人。

4 空中纜車—雲仙樂園

烏來纜車的來回票價包含了雲仙樂園的門票。在纜車上欣賞瀑布美景，俯瞰溪谷風光，輕鬆愜意；進入園區內，在鳥語花香中呼吸大自然的芬多精，令人感到放鬆。

5 烏來泡湯

烏來溫泉屬弱鹼性碳酸泉，溫度約在攝氏80度左右，泉質可滋潤皮膚、消除痠痛、促進血液循環；露天的野溪溫泉，也可以找間優質的湯屋享受美好時光。

浪漫美景・白石湖

「白石湖」之名源自於當地盛產白色砂岩，而先民稱該處的特殊圈谷地形為湖，故名之。目前發展觀光休閒農業為主，以「草莓園」吸引大批採果的人潮。入口處的碧山巖建築雄偉壯麗，是台北市內看夜景的絕佳去處喔！

覺旅咖啡JourneyKaffe

沒有用餐時間限制，設計了能夠舒適使用筆電的桌椅座位區；餐點以健康具飽足感為主。還有「社群創作廚房」可以讓你動手製作出適合自己口味的美食！

艾媽咪食品屋鄉村派

前往下個景點前，可以先來這裡帶個用料實在的鄉村派。酥脆的派皮，加上飽滿扎實的內餡，一直是網路上的團購美食。

白石湖吊橋

吊橋入口位於碧山巖開漳聖王廟的停車場旁，全長116公尺，以環繞白石湖周邊之龍形山脈為設計理念，採龍骨意象打造一座無懸吊纜繩的隱形吊橋。

同心池、夫妻樹

過了吊橋後，前往擁有豐富的生態環境的後湖濕地，除了浪漫的同心池外，還有木棧道、觀景亭。鄰近幾十公尺處，可見兩棵相連生長，被稱為夫妻樹的紅楠。

碧山巖開漳聖王廟

回到停車場，來到開漳聖王廟，在廟前的平台俯瞰台北盆地；白天可見層層山巒，傍晚開始，則有迷人的夕陽，漸漸進入夜晚，台北101及周邊大樓的璀璨燈光秀，更為迷人。

攝影：呂增慧

自行車逍遙遊，
看見城市新面貌

御風台北：自行車步道

浪漫風光自在行

一路上景致優美，更有許多浪漫景點，是不分家庭、情人都很適合的路線。

INFO

金色水岸自行車道

路線：觀山公園→台北海洋技術學院

路程：約12公里

周邊景點：關渡大橋、淡水老街、漁人碼頭

八里左岸自行車道

路線：關渡大橋→八仙水上遊樂園

路程：約14.5公里

周邊景點：八里左岸公園、十三行博物館

2

親近自然賞鳥去

沿途會經過有濕地環境及候鳥棲地的公園，是可以觀察自然生態的美好路線。

INFO

關渡自然公園自行車道

路線：關渡宮→貴子坑親山步道口折返

路程：約12公里

周邊景點：關渡宮、關渡自然公園

新店溪自行車道

路線：華江橋→華中露營場

路程：約10.5公里

周邊景點：華江雁鴨自然公園

3
親子共遊好快樂

較平坦，路程也較短，是十分適合攜家帶眷、全家一起出遊的路線。

INFO

景美溪（左岸）親子生活自行車道

路線：一壽橋→木柵租借站
路程：約4.3公里
周邊景點：木柵動物園

雙溪生活水岸自行車道

路線：雙溪橡皮壩橋→至善公園
路程：約3.1公里
周邊景點：雙溪河濱公園

4
夕陽夜景超迷人

想要迎著微風看夕陽和夜景嗎？跟著我們推薦的路線就對了！

INFO

基隆河左岸自行車道

路線：大佳租借站→經貿疏散門（基1）
路程：約11.4公里
周邊景點：彩虹橋、慈佑宮、饒河觀光夜市

社子島環島自行車道

路線：快樂休息站→社子島北端出入口
路程：8.7公里
周邊景點：社子島頭公園、大稻埕碼頭

5
健身運動好舒暢

想要暢快揮汗，就來挑戰較不平坦或距離較遠的路線，但也要考量自己的體力喔！

INFO

南港六張犁自行車道

路線：南港研究院路→胡適公園→六張犁公墓→六張犁捷運站
路程：12公里
周邊景點：胡適公園

二重環狀自行車道

路線：疏洪運動公園→成蘆大橋
路程：約20.1公里
周邊景點：幸福水漾公園

※資料參考網站：鐵馬御風、戀戀河濱

CHAPTER 2

文青風格的浪漫

有別於過去的生活習慣，近年來流行於年輕人間的文藝風，在服飾、髮型、配件都有獨特的表現，也使得文創產業蓬勃發展，不僅是如雨後春筍般冒出的特色商家，連各地文化機構也都開始重視這股潮流，甚至有將古蹟改建成文化創意交流地的狀況，藉由舉辦創意市集、主題展演等藝文活動，吸引民眾前往參觀。

藝術探險・寶藏巖

公館附近好吃好玩真不少，先到宛如九份山城的寶藏巖逛逛，這裡有藝術家或特色小店駐村，不知不覺就可以逛一整個下午。接著去鄰近的自來水園區欣賞古典優雅的博物館，天氣熱還能玩水消暑，最後到公館商圈嘗遍各式美味小吃。

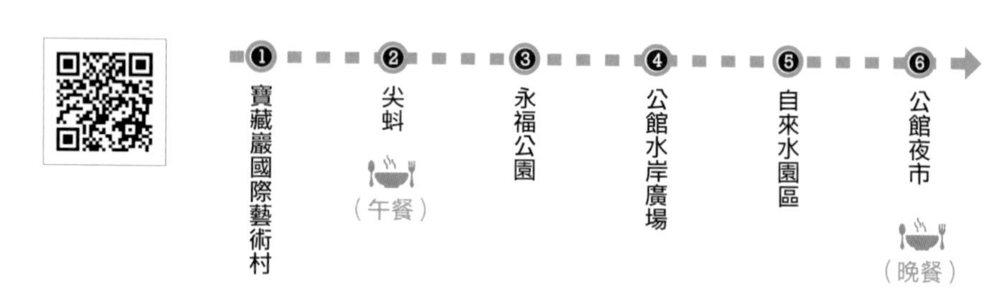

1 寶藏巖國際藝術村

老舊聚落的新生命

在自來水園區附近的小山丘上，穿過寶藏巖觀音寺，便可正式進入藝術村的範圍。寶藏巖國際藝術村的房子都是依山而建、就地取材的違建或眷村房舍，因凌亂老舊要被政府拆遷，後來被規畫為藝術村，藝術家們陸續進駐，老舊的聚落變身為兼具人文和藝術氣息的社區。在如迷宮般錯雜的小路中漫步，欣賞排排站的信箱牆、迷你郵務中心、如積木般堆積的房舍、每個轉角都充滿驚奇。

台北市汀州路三段230巷14弄2號

（02）2364-5313

11:00~22:00，展覽僅開放至18:00（週一公休）

1.長得像幸運餅乾的裝置藝術。（攝影：YS）
2.層層疊疊或高或低的矮房錯落，很有歷史韻味。
3.寶藏巖圍欄上掛有各個時代的電影海報。

2 尖蚪

慵懶閒適的迷人小店

以尖叫的蝌蚪為名的「尖蚪」分為兩層樓，水泥空間內用海報、DM、老風琴、老家具展現出老屋特有的寧靜氛圍。坐在二樓僻靜角落，點杯單品咖啡搭配特濃起士蛋糕，邊享用美味的下午茶邊欣賞窗外河畔景致，肚子餓了還能來碗《深夜食堂》中的貓飯，熱呼呼的白飯混著香噴噴的柴魚、醬油、半熟蛋，簡單的美味讓人不禁一口接一口。

台北市中正區汀州路三段230巷57號

(02) 2369-2050

週二至週五14:00~22:00，週六、日11:00~21:00（週一公休）

1.店內咖啡皆以手沖方式製作。

2.尖蚪以老家具及海報布置，每一處角落都可發現驚奇。

3.斜坡上的老房子，散發獨特的靜謐氛圍。

3 永福公園

一覽福和橋風景的綠地公園

逛完寶藏巖，往下方只有一溪之隔的永福公園前進。永福公園的北側為寶藏巖歷史聚落，園區內種植多種本土原生樹種、水濕生植物，可作為賞鳥、觀魚等親近自然的空間。還有彩繪陶板、趣味石雕等，入口廣場處並設置腳踏車停車架及座椅等設施，是一處人文與自然風格並濟的休憩空間。

福和橋邊，基隆路汀州路口

園內設置數座趣味石雕，為公園帶來更多有趣的景觀。

4 公館水岸廣場

無堤防的河岸景觀空間

台北市唯一沒有堤防的河岸景觀空間，連結親水通廊、自來水園區及公館商圈，是河濱自行車路網主要的休憩中繼站。從觀景平台可以遠眺永福橋及新店溪沿岸風景、觀看百年舊取水口遺跡。

台北市中正區思源街1號

(02)8369-5104

假日常有活動，是漫步及談心聚會的好去處。

同場加映

永福水管橋

原被命名為福和二橋，不僅克服大台北地區用水不足的困擾，還解決台北市與中和、永和地區日漸擁擠的交通流量。日落後，這裡還有迷人的七彩光雕夜景喔！
（本頁攝影：YS）

5 自來水園區

古蹟旁的戲水樂園

有觀音山蓄水池、渾水抽水站等舊時水利設備，以互動裝置介紹關於水資源各種訊息的水資源教育館，用水管製成裝置藝術和遊憩設施的管材雕塑區，以及炎炎夏日最受喜愛的親水遊戲區、水鄉庭園、噴泉庭園。

園區內的自來水博物館前身是台北水源地唧筒室（抽水機房），是座已有百年歷史的古蹟。外觀採巴洛克式建築風格，有圓頂、尖帽及山牆等繁複裝飾，又有希臘神廟般的廊柱，相當古典優雅。室內則陳列著1920～1950年代的古老抽水機，老舊退役的設施，散發出思古幽情。

1.自來水博物館內被列為三級古蹟的百年抽水機房。

2.巴洛克式的外觀常吸引許多婚紗來此外拍。

台北市中正區思源街1號

(02)8733-5678

夏季全票80元、非夏季全票50元

夏季7、8月09:00~20:00，非夏季09:00~18:00（週一公休）

6 公館夜市

便宜美味的銅板美食

公館商圈一向是莘莘學子熱愛聚集的地方，結合了美食、購物、藝文等多元樣貌，作為商圈中心的水源市場，不分早晚都熱鬧非凡。早上為傳統市場，晚上搖身一變成了公館夜市，有各種風格的美食及小吃等你前來。

公館商圈的吉祥物：樂樂與小夯。

陳三鼎黑糖青蛙鮮奶

（青蛙撞奶的創始店）招牌商品「黑糖粉圓鮮奶」，以純正鮮奶搭配自製黑糖粉圓，珍珠粒粒飽滿有嚼勁、Q彈不黏牙，濃濃的黑糖香氣加上鮮乳的配合，真是絕配！

台北市中正區羅斯福路三段316巷8弄2號

(02)2367-7781

11:00~22:00（週一公休）

藍家割包

割包內的滷肉有5種不同的肥瘦等級供顧客挑選，搭配酸菜、香菜及花生粉，營造多層次的口感。店內也販售割包、四神湯、肉粽、大腸肉羹麵線等等。

台北市中正區羅斯福路3段316巷8弄3號

(02)2368-2060

11:00~24:00（週一公休）

龍潭豆花

豆花、花生、糖水，簡單的組合，卻讓小小的店面人潮不斷。滑順綿密，帶著微微焦香的豆花，加上熬煮軟綿的花生，甜度適中的糖水，是用餐後的甜點首選。

台北市中正區汀州路三段239號

11:00~23:00

台一牛奶大王

歷史悠久的老字號冰店，是許多台大人的共同記憶。夏季首推冰品，冬季則有湯圓。冰品種類繁多，以料多實在吸引許多老主顧。湯圓甜鹹都有，各有擁戴，到了特殊節日，內用、外帶的人潮更是驚人。

台北市大安區新生南路三段82號

(02)2363-4341

10:30~24:00

一日遊 日式老屋×特色文創

台北擁有許多名人故居，大安區裡的雲和街「梁實秋故居」及青田街「馬廷英故居」（青田七六）都是和、洋折衷的內部空間配置，參觀完日式老建築，來到臥虎藏龍的永康街區，這裡匯集許多異國美食餐廳、風格獨具的咖啡館、精品小店，讓你度過充滿文藝氣息的一整天。

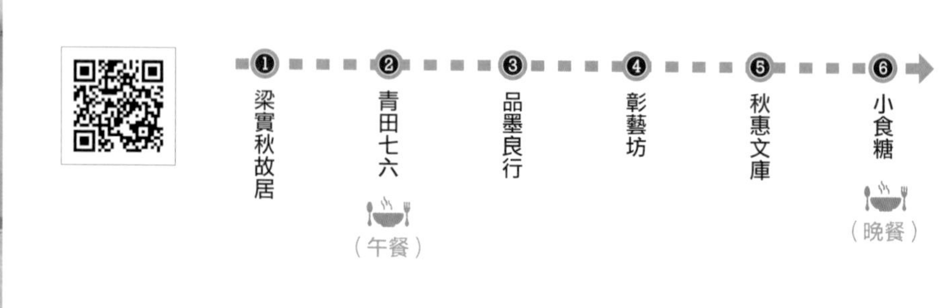

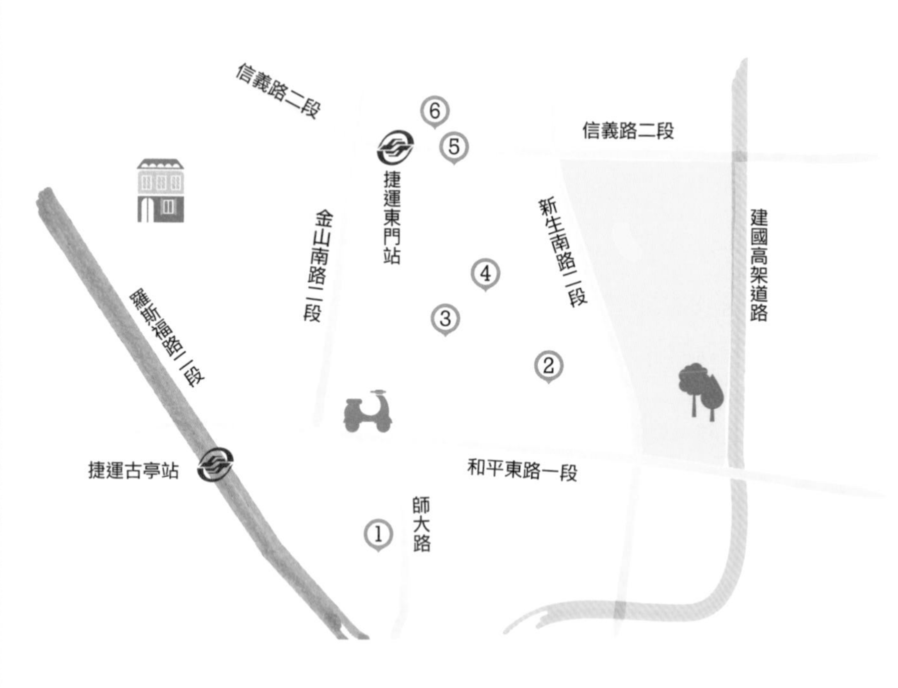

1 梁實秋故居

老屋裡的作家風華

台北市大安區雲和街11號
(02) 2363-4598
11:00~17:30(週二公休)

建於1933年，最早是台北高等學校英語教授富田義介宿舍。梁實秋在1952年入住，1959年1月搬離。在內部使用和、洋折衷的配置方式，具有洋式的接待空間，又有日本傳統和式的內部空間。庭院內有一棵麵包樹，是梁實秋最難以忘懷的，直到他移居美國後，仍在慶祝自己七十歲生日寫的一首詞裡，抒發對那棵麵包樹無比眷戀的感情。

1.這裡是梁實秋來台後安住的第一間職務宿舍，極具歷史價值與意義。
2.故居外圍的「雅舍小徑」掛了24幅梁實秋手稿複製而成的語錄。
3.故居內有許多梁實秋的生平介紹文字及珍貴文物。
(本篇攝影：YS)

同場加映

師大39文創廣場

師大39文創廣場座落於熱鬧的師大夜市內，聚集了熱愛文創的人們和文創工作者。在這裡可以找到手作的項鍊、手鍊、髮夾、包包等創意商品。在各有特色的攤位外，不時還會有藝人、樂團表演。

台北市大安區師大路39巷1號
(02) 7734-1916
每週五、六、日16:30~22:30

2 青田七六

日式老屋的迷人情調

1931年，由台北帝國大學（今台灣大學）研究蔗糖改良的足立仁教授設計。1945年，國際知名地質學者馬廷英教授住進此處。2011年修繕完成後正式對外開放，現今主屋成為結合咖啡餐飲、藝文活動、導覽等複合式空間。

參觀完老屋，不妨坐在房內一隅，享用結合此處故事設計而成的日式餐點，或者由創意飲品搭配甜點推出的午茶套餐。但無論是用餐或下午茶時間常常滿座，建議提早預約。飯後再到一旁的青田小賣店，製作一份專屬的紀念品！

台北市大安區青田街7巷6號
(02) 2391-6676
11:30~21:00（每月第一個週一公休）

1.這裡的空間還原了過去的面貌，也保留了昔日屋主的生活痕跡。

2.和式建築中融入洋風的格局，在當年，這樣的設計相當少見。

3.創意飲品的混搭風格，顛覆大家對咖啡的既有印象。

3 品墨良行

趣味紙製品與設計工作室

主要販售融合趣味和實用性的紙商品，有能夠隨身攜帶、想打就打的迷你紙麻將，還有裝上底片就可以拍攝的紙相機，好看有型又防水防油的輕巧紙包包，及店家推薦的招牌產品「數字日曬本」。「紙的材料室」空間內，上百種紙張擺滿牆面，可依照喜好或需求挑選紙張，製作具有個人特色的筆記本。

台北市大安區永康街63號

(02) 2358-4670

10:00~19:00（週一公休）

1.以木質調裝潢和溫暖黃光打造出樸質氣氛。

2.店內販售許多趣味性獨特商品，例如用酒瓶作成的時鐘。

4 彰藝坊

以台灣老布製成繽紛商品

店內有許多使用台灣老布（早期常見的窗簾、被單布）製作、色澤繽紛的特色商品，深受外國觀光客喜愛，還有日本客人每年都來買新花色的書包。櫃子裡還有布袋戲偶；原來彰藝坊老闆夫婦是彰化「彰藝園掌中劇團」第三代，所以店內很多產品都帶有布袋戲元素。

台北市大安區永康街47巷27號

(02) 3393-7330

11:00~19:00（週一公休）

店內陳列的布袋偶戲穿的都是明亮搶眼的台灣老布衣。

5 秋惠文庫

貼近歷史的收藏史料

既是咖啡店也是歷史文物館，由住家改裝的空間擺滿清代的畫作、文件、日治時期的廣告海報、浮世繪、寺廟托木、雕刻等老闆收藏品，雖然收藏內容看起來相當五花八門，但他所收藏的古董、文物、文史資料，最古老的資料可達400年前，歷經西班牙、荷蘭、明清、日本和國民政府反共時期的收藏品，幾乎完整呈現了台灣近代風貌，連台南的國立歷史台灣博物館都曾向他借展。

除了具重要歷史意義的史料，也有獨特的藝術作品及趣味性的收藏，花點時間慢慢看，會對台灣的過去有更多了解。

台北市中正區信義路二段178號3樓

（02）2351-5723

11:00~19:00（週一公休）

1.寺廟北管樂團出陣遊街時舉的彩牌也是老闆收藏之一。

2.舊時代文物各自有著歷史故事。

3.穿著旗袍、和服的美女圖，是日治時期常見的廣告海報。

6 小食糖

以有機棕櫚糖製作餐點

台北市中正區信義路二段181巷3號

（02）2396-5965

11:00~20:00

店門寫著「有種食材叫棕櫚糖，有種生活是樂於分享」，小食糖就是這樣一家咖啡店，使用棕櫚糖製作健康特色餐點，讓大家吃得更健康，同時也可以幫助產地柬埔寨居民收入更穩定。

舊宅翻新的空間中，保留小庭院裡50歲的椰子樹、窄窄的洗石子階梯，存有老房子原有的韻味，又加入軟木塞牆面、淺木色長凳等現代元素，讓人感覺舒服自在。店裡的鹹食主要是鹹派和三明治，另外也有提供早午餐和甜食。招牌甜點蜜糖吐司，在鮮奶吐司上塗一層厚厚的棕櫚奶油醬，再用慢火烘烤，切成小口上桌，香酥不膩的外皮加上綿密扎實的內裡，讓人不自覺一口接一口。

1.二樓空間採光明亮，氣氛閒適。 2.開放式櫃台，拉近店員與客人間的距離。

一日遊 九份采風×黃金山城

九份街道由「三橫一豎」四條道路串聯成「丰」字型，三橫指基山街、輕便路、汽車路，一豎則是貫通這三條的豎崎路。遊客大多會在豎崎路與基山老街一帶尋寶，今天來老街走走不一樣的輕便路。品嘗九份老街的美食後，前往黃金博物館看看淘金史、體驗礦工生活。

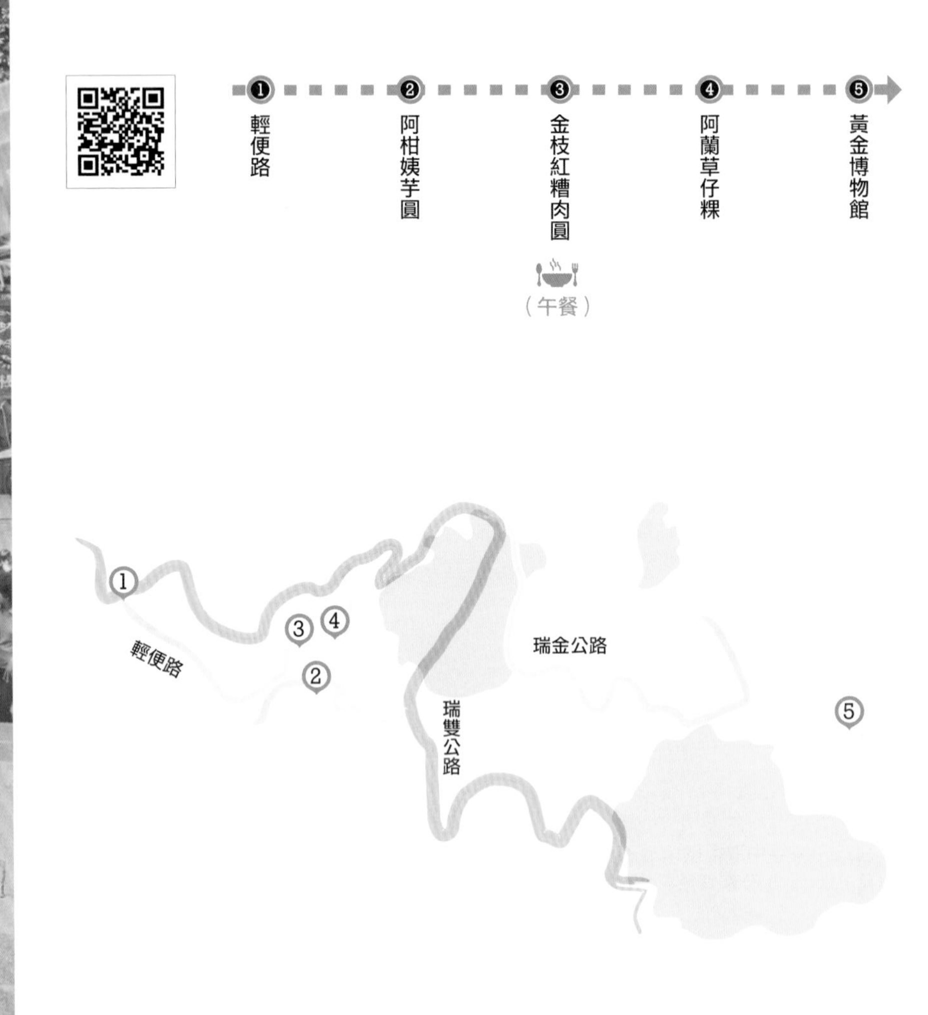

1 輕便路

老屋、新創意，還有好風光

只要沿著汽車路旁的樓梯往山上走，即可抵達。石雕的窗花，低矮的平房，烏黑油亮的油毛氈屋頂，在水金九地區，幾乎都快見不到了，但在輕便路上，還可以看到這些老房子的蹤影。沿途有不少住在九份的創作者，儘管沒有開放參觀，仍舊把門面妝點得非常可愛；而因為基山街商店眾多，所以一些特色小店也逐漸朝此開展，越來越多藝文創作者進駐其中。走到最後可以銜接到昇平戲院。

1.極富巧思的店面，彷彿在召喚著遊客。

2.油毛氈屋頂是應付山城氣候、隔絕濕氣相當重要的素材。

3.在這裡不僅能見到不同的山城風光，遠離人聲吵雜，還能享受好空氣。

同場加映

頌德公園

為了感念顏雲年對九份的貢獻而建造，當時他從日本企業手中取得礦山經營權後，開放包租，與礦工們再次造就九份繁盛礦業。在礦業逐漸沒落後，為了照顧礦工生計，還特別延後幾年關閉礦山。公園內有高聳碑柱、高大石牆及現代雕塑。爬上一旁階梯路頂端的亭子，就能俯瞰九份的聚落風光。

2 阿柑姨芋圓

香Q好吃，越嚼越香

沿著豎崎路一路向上，通過層層階梯的考驗，看見排隊人潮就知道目的地到了！點餐後要穿過民宅長廊，才會來到後方的景觀座位區。途中也可以看到店家製作芋圓的過程。香Q的芋圓、地瓜圓，是將新鮮的大甲芋頭及地瓜去皮切塊現做而成。不論夏季搭配清涼碎冰，或是冬天搭配暖心甜湯都很美味。

新北市瑞芳區豎崎路5號

（02）2497-6505

平日09:00~20:00，假日09:00~22:00

1.九份國小階梯旁的阿柑姨芋圓，是必嘗的排隊名店。

2.可以內用，也可以外帶，更可以買回家自己煮。

（本篇攝影：YS）

同場加映

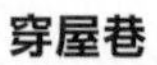

穿屋巷

是因為地勢而衍生出來的道路形式。地圖上標示的穿屋巷，就那麼幾條，但這個九份聚落專屬的獨特小路，其實隨處可見。階梯接著階梯，蜿蜒曲折的巷道別有一番情境。

美味推薦

九份古早丸店

店內貼滿老闆娘的精彩照片，販售各種手工丸子湯，不論是哪種丸子，都很彈牙。一碗綜合魚丸湯下肚，飽足感十足。

新北市瑞芳區基山街135號

（02）2496-9519　08:00~22:00

3 金枝紅糟肉圓

內用外帶皆適宜

九份地區的紅糟肉圓，紅糟肉內餡絕對是一大特色！粉皮滑嫩Q彈，包入浸泡紅糟入味的夾心肉，及來自竹山的新鮮竹筍製成的竹筍絲，醬料也是特別調配的，與肉丸的滋味完美融合。店內除了肉圓，還有各式丸子湯可以搭配。

新北市瑞芳區基山街112號

(02) 2496-0240

平日09:00~19:00，假日09:00~21:00

1.白裡透紅的紅糟內餡，讓人食指大動。

2.牆上陳列著金枝紅糟肉圓的店史。

4 阿蘭草仔粿

齒頰留香經典小吃

草仔粿的美味不必多說，看看排隊的人潮就知道，就連非假日，負責包裝的店員，手都沒能停過，要是天氣好或碰上假日，排隊人龍更是可以橫跨好幾個店面。草仔粿有甜、鹹口味，粿皮軟Q中帶點甜，那種小時候、記憶中的樸實香氣和古早味道，是店家成為遊客來九份必帶伴手禮的主因之一。

1.食材新鮮、現包現作讓人放心。

2.現在也提供宅配服務，不用到九份也可以嘗到古早味小點心。

新北市瑞芳區基山街90號

(02) 2496-7795

08:00~22:00

1

5 黃金博物館

記錄黃金歲月的風華面貌

金瓜石是日治時期的淘金聖地，產量之豐讓金瓜石成為山城裡最閃耀的小鎮。黃金博物館是一個完整的園區，館裡保留了完整的淘金史，想看金礦的原石，想知道開採金礦需要那些用具，甚至想要體驗一下淘金的過程，這個景點肯定不能錯過！主建物的現代化鋼骨玻璃帷幕設計，金屬元素的使用，和同為金屬的黃金相互輝映。園區內還有四連棟日式宿舍和太子賓館可以參觀，感受濃濃日式風情。

2

1.這個打破金氏世界紀錄、重達220公斤的大金磚是黃金館鎮館之寶。

2.太子賓館房舍內的空間美學及雅致的庭園設計，都非常講究。

3.礦坑之旅讓遊客體驗礦工生活，並模擬展示了當時採礦器具與文物。

4.介紹產自金瓜石地區許多特殊而珍貴的礦石，讓民眾瞭解金瓜石地質的特殊性。

四連棟日式宿舍主要提供日籍職員及其家人所居住，空間階級分明、井然有序，高級職員宿舍區與一般礦工居住區有明顯區隔。太子賓館是當時經營礦業的日本公司為了接待當時日本太子（後來的裕仁天皇），所建造的臨時行館。但最後太子並未前來；皇室的特派員來時，因為鋪紅地毯讓人誤解為太子來了，太子賓館因而聲名大噪。博物館周邊的三毛菊次郎宅為獨棟獨院式日式建築，是金瓜石礦業事務所倒數第二任所長三毛菊次郎所使用的所長宿舍，在金瓜石的建築規模僅次於太子賓館。

新北市瑞芳區金瓜石金光路8號

（02）2496-2800

週一至週五09:30~17:00，週六、日09:30~18:00

同場加映

黃金神社

又稱金瓜石神社，為台灣歷史上第三座神社。神社主祀大國主命、金山彥命、猿田彥命。可惜在戰後遭到天災人禍，神社內原有設施也多已拆毀殆盡，空留殘破的拜殿、鳥居、石燈與部分石柱。

菸廠古蹟×文創展演

松山文創園區是一個新的活動展演空間，也是一個提供民眾放鬆舒壓、體驗慢活的好地方！先到園區內的誠品松菸店吃早餐、玩文創，再到種植大量植栽、景觀優美的古蹟老菸廠走走。累了就到附近巷弄的七三茶堂品嘗好茶，短暫休憩過後，可以漫步到傍晚有滿滿親子、情侶同遊的國父紀念館。

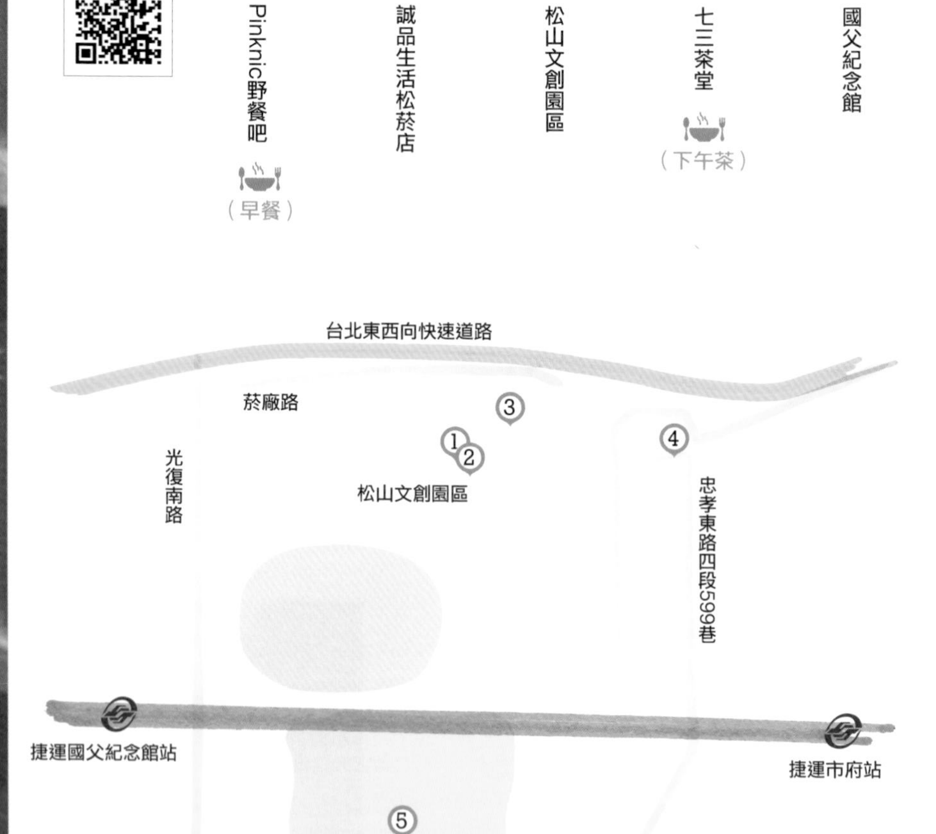

Pinknic野餐吧

輕鬆、歡樂與悠閒的滋味

位於造型新穎的誠品松菸生活店內。店內布滿了乾燥花與植栽，在這樣的綠空間裡細細品嘗餐點，無論身、心、胃都可以獲得放鬆。讓人即使身處繁忙的市中心，也能找回戶外野餐的那份簡單與感動。

在餐點上注重均衡搭配，早午餐的設計會搭上大量取材自然的蔬菜，以天然辛香料取代化學香精，為的就是能同時照顧到客人的健康與味蕾。所有飲品糖漿親自手工熬製，百分之百無化學添加。無論是對餐點設計的謹慎、空間氛圍的營造，還是餐具挑選的用心，提供的「好食」、「好物」、「好空間」，都是為了讓來到這裡的客人擁有溫馨、平實的舒適感受。

台北市信義區菸廠路88號B2
（02）6636-8070
11:00~22:00

1.入口處擺著一輛天空藍的腳踏車，感覺就像騎著它去踏青。

2.大片的落地窗與挑高的開放空間，給人輕鬆自在的舒適感。

2.憑著對天然食材的堅持，使用新鮮的蔬果來提供客人健康的餐點。

2 誠品生活松菸店

CNN評選「世界最酷百貨」

台北市信義區菸廠路88號

（02）6636-5888

11:00~22:00（B2/1F/2F/3F）

誠品於2013年進駐松山文創園區（台北文創大樓），結合了觀光、文創、展演、電影院等文創空間，不但好吃、好看、好玩又好逛，是假日逗留、待上一天的好去處。來到這裡除了可以逛書店、聽音樂、看電影和表演外，還能一覽不少設計師品牌與創意商品，走累了，也有許多美味店家可以品嘗。

外觀造型十分新穎的誠品松菸大樓。

伴手好禮

掌生穀粒

掌生穀粒多年來在網路販售米、茶、蜂蜜等台灣的優質農產品，其中小包裝經典商品「飯先生」，是台東世代務農的范先生每年依照各種米的優缺點，調配出最好的口感和味道。這裡還有許多香氣特殊的蜂蜜，可供挑選。

台北市信義區菸廠路88號3樓（書卷砌）

（02）6636-5888#1507

11:00~22:00

3 松山文創園區

台北最夯的藝文特區

鬧中取靜、新舊交融的松山文創園區，前身是有70年歷史、占地廣大的松山菸廠，興建於日治時期的菸廠，廠房設計大多形式簡潔且優雅，除了辦公室、廠房、倉庫外，還規畫了宿舍、浴池、醫務室、托兒所，可見福利良好。

時光變遷，古蹟空間充分的被利用，搖身一變成為展現文化創意產業的新據點。有歷史的老廠房變成藝文展覽場所，擺放香菸的倉庫變成充滿設計感的小賣所與書店；幽幽的菸草氣味變成濃郁的咖啡香氣；坐在廠房中的人不再忙著捲菸，而是啜飲香味醇厚的咖啡，品嘗美味的南瓜湯、紅酒燉牛肉。

逛完充滿歷史感的古蹟，還可以在典雅優美的花園散步，欣賞一旁洗鍊簡潔的建築，或到生態池邊稍作休息，觀賞池中天鵝優美身姿。

台北市信義區光復南路133號

（02）2765-1388

園區內：室內09:00~18:00，戶外08:00~22:00，生態景觀池周邊24小時開放

1.占地廣大的松山文創園區，假日人潮總是絡繹不絕。

2.園區內有咖啡店、藝文展館、書店等休憩場所。

3.園區內常舉辦各種藝文設計展覽。

4 七三茶堂

靜巷裡的幽幽茶香

七三茶堂位在松山文創園區附近的靜巷中，得名自小説中的一句話：「倒茶七分，剩得三分人情」。推開木門，一陣茶葉清香撲鼻而來，原來角落擺了一個茶籠烘茶，讓整個空間都充滿茶香。店內空間也以回收木料製成的隔板、水泥灰牆和金屬搭配出令人放鬆的氛圍，點上一壺招牌原片茶飲，享受忙裡偷閒的愜意時光。

店內除了有鐵觀音、烏龍、金萱、蜜香紅茶等各色茶飲外，還有加入牛奶調製的各種「妙媞」（milk tea），及使用烘焙過的黑豆，加上鮮奶做成的黑豆鮮奶妙媞，喝起來像熱拿鐵，充滿咖啡香。另外也提供許多搭配茶飲的甜食。

台北市信義區忠孝東路四段553巷46弄16號

（02）2766-7373

週一至週四12:00~20:00，週五至週日12:00~21:00

1.靠牆的架上擺著各式茶類商品。

2.對茶癡迷的「七三茶堂」創辦人王明祥。

3.店內輕食會依季節更換菜色。

（本篇攝影：楊少帆）

5 國父紀念館

多元藝文活動，四季花木扶疏

高聳的柱子環繞，加上有如大鵬展翼般的黃色大屋頂，外觀宏偉簡潔又給人巍峨莊嚴感覺。入口大廳就能看見高大的國父銅像，一旁有儀隊站崗，每到整點還有遊客必看的交接儀式。館內陳列許多國父文物，還設有圖書館。

圍繞在紀念館周邊的，是綠草如茵的中山公園、波光瀲豔的翠湖和平坦寬敞的廣場。每逢假日，紀念館廣場就是最好的運動休閒空間，可以玩飛盤、直排輪、放風箏、慢跑，花木扶疏的中山公園則是散步賞花的好地點，春天可賞粉嫩的櫻花、杜鵑花，夏天有牡丹花和翠湖中的荷花、蓮花，秋天有會變色的欒樹和芬香的桂花，冬天則能欣賞梅花。

台北市信義區仁愛路四段505號

(02) 2758-8008

09:00~18:00

1.這裡是藝文展覽、表演，金馬獎、金鐘獎等大型頒獎典禮的表演場地。

2.館內陳列許多國父文物與介紹其生平事蹟。

3.國父紀念館最引人注目的莫過於儀隊交接表演，也是台北觀光重要的景觀之一。

酒廠老屋×咖啡美食

華山文創園區內有許多特色店家、展覽空間、表演場地及光點電影院，想休息也有咖啡店和餐廳可供選擇，假日則有年輕人喜愛的創意市集。逛完這裡，就前往附近幽靜的逸仙公園參觀「國父史蹟紀念館」。再到極富藝術氣息中山北路巷內，有氣氛頗佳的雜貨舖「溫事」及典雅懷舊的「二條通．綠島小夜曲」。

1 Fab café

咖啡達人坐鎮的咖啡館

台北市中正區八德路一段1號（中3館1樓清酒工坊）

（02）3322-4749

週日至週四10:00~20:00，週五、六10:00~22:00

位於華山文創園區中的Fab café是CABEE.林東源和友人合資的咖啡館，不管是甜蜜的哈密瓜拿鐵、奶油酒拿鐵，有趣的跳跳糖咖啡，或是品嘗原味的單品咖啡，味道都有一定水準。這裡依然準備南北義咖啡豆，讓客人依照口味選擇偏酸的北義豆，或是濃醇帶苦的南義豆。

Fab不僅是咖啡店也是工作坊，提供雷射切割、3D列印機，讓有興趣嘗試動手做的人，能夠在駐店設計師的協助下，將腦袋中天馬行空的創意，做成獨一無二的個性商品。可以將照片用雷射切割方式表現在壓克力板或木板上，或是用Fab Mac改變鋁質Mac外觀。如果玩出興趣、引發了創作熱情，可以參加工作坊開辦的相關課程，對雷射切割、3D列印機創作進行更深入的認識了解。

1.達人坐鎮的店家，咖啡味道絕對有保證。

2.這裡還能使用雷射切割、3D列印等機器，親手製作個人化商品。

1.除了看展覽，也可以到園區內的光點電影院度過午後時光。

2.寬廣的華山園區建築優美、綠意盎然，是假日休閒好去處。

3.廣場上常有配合展覽製作的裝置藝術，最適合拍照留念。

2 華山文創園區

逛展覽看表演的文創基地

台北市中正區八德路一段1號

（02）2358-1914

09:30~21:00

由台北酒廠改建的華山文化創意產業園區，是一個既能欣賞藝術展覽、音樂表演等文化活動，又有氣質藝廊、美味餐廳、特色店鋪可逛的好地方。日治時期興建的水泥屋舍雖然有點斑駁，但牆面上爬滿的綠色藤蔓又給人一種蓬勃生機；裡面的紅磚建築配上木窗，帶點歐洲舊倉庫的氛圍。

園區中定期會舉行有趣的展覽；想隨意逛逛，有風格獨特的書店好樣思維、販售文創設計商品的present提案+；也可以到光點電影院看場電影。逛累了，可在離線咖啡、Fab café點杯飲料，或到小確幸紅茶牛奶合作社買杯紅茶牛奶，在華山待一整天都不會無聊。

3 國父史蹟紀念館

在喧鬧市中心感受幽靜

藏身小巧幽靜的逸仙公園內，是棟百年日式木造建築，當時是日治時期的高級旅館梅屋敷，招待過許多達官貴人。最重要的是國父孫中山來台時曾住在這裡，並和台灣總督會面商討政情，臨走前還寫下「博愛、同仁」橫幅留作紀念。建築內陳列國父四次來台的相關資料，還有下榻梅屋敷時使用過的茶几、辦公桌，以及手稿、文件、相片等史料。

參觀完珍貴的國父史料後，來到融合中、日風格的庭院漫步，沿著迴廊欣賞假山、曲橋、水池、碑亭、松、竹營造出的小橋流水風情，享受喧鬧市中心難得的閒適幽靜；天冷花開時節，還能看到梅花、櫻花怒放，和紀念館的黑色屋瓦交織出的美景，彷彿置身日本。

台北市中正區中山北路一段46號

（02）2381-3359

09:00~11:30，14:00~16:30（週一公休）

1.國父史蹟紀念館是棟有100多年歷史的日式木造建築。

2.欣賞小巧精緻的庭院美景，享受喧鬧都市中少見的幽靜。

2.古樸低調的日式建築過去是高級旅館，現在已成為陳列國父史蹟的紀念館。

4 溫事

蒐集溫暖的小事

這是插畫家米力開設的實體雜貨鋪，裡面陳列著米力夫妻四處尋找引進台灣的日本職人手作商品，從小巧可愛的湯匙、圖案繽紛的飯碗、閃亮動人的玻璃杯，到一子相傳300年的小鹿田燒餐具、繪有熱帶植物極具辨識度的手製陶器，每樣作品都讓人感到溫暖愉悅；也因此米力取溫暖的小事之意，為這家店取名「溫事」。

二樓的展覽小空間，每個月都會更換主題，展覽過後作品會移到一樓陳列販售；例如展出百年前印刷道具的活版&古印章特展，除了展出世界各地和印刷有關的工具外，特別的是好萊塢60多年前專門用來印邀請函，一台可以印出花體英文字的機器，有興趣的話還可以在一樓買本筆記本，請店家幫忙印上名字。

台北市中山區中山北路一段33巷6號
(02) 2521-6917
12:00~19:00（週日、一公休）

1.具百年歷史的印刷工具可是老闆的珍藏。
2.印出花體英文字的機器，十分特別。
3.4.店內都是老闆精心挑選的職人手作器具。

1

2

3

4

5 二條通・綠島小夜曲

日式老房裡度過慵懶午後

從中山北路轉進小巷，馬上就能看見一棟很有味道的日式木造老房。綠葉加上深色木牆，這裡最初是一位日本攝影師的家，現在一樓是咖啡店，二樓是建築事務所。保留房屋原本架構，木片拉門、原木橫樑、溫暖昏黃的燈光，配上節奏緩慢的英文老歌，讓人不禁陶醉在這愜意舒適的時空中。

這裡以義式咖啡為主，也有單品咖啡，使用專業烘豆師烘出的咖啡豆，配上國人研發出的聰明濾杯，維持咖啡的好品質，店長特別推薦濃郁順口的綠島小夜曲，搭配外酥內軟的「奧立岡青醬雞肉帕尼尼」，吃起來清爽不膩。

台北市中山區中山北路一段33巷1號

(02) 2531-4594

週日至週四、六12:00~21:00，週五12:00~21:30

1.日式老屋改建，來到這裡，宛若走進懷舊時空。

2.日式木屋韻味十足，白天陽光從天井灑落，感覺溫暖舒適，夜晚時則讓人感到慵懶放鬆。

君臨天下賞台北

信義商圈是目前台北市最具指標性的都會商圈，設置了相當多的造景，進駐的百貨商場或企業大樓，建築風格也都別具特色。一到週末假日更經常舉辦各種活動或園遊會。遊覽台北探索館、台北101，及隱身於熱鬧信義圈內的信義公民會館後，晚上就到鄰近的臨江夜市大快朵頤吧！

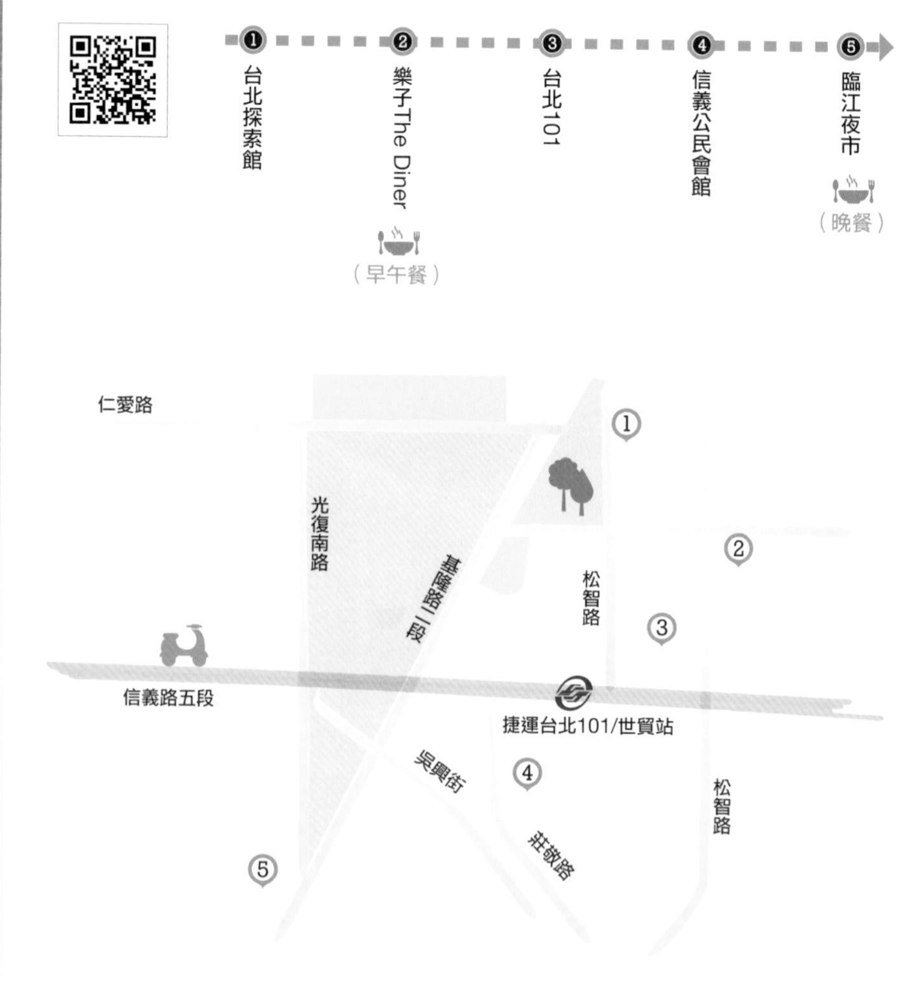

1 台北探索館

趣味互動體驗，深入認識台北

台北市信義區市府路1號3-4樓

09:00~17:00（週一公休）

台北探索館四樓的時空對話廳，用淺顯易懂的文字、模型等設計，讓大家對台北的發展與歷史有更深的了解；介紹歷史悠久的寺廟時，除了有縮小的寺廟模型讓人可以近距離欣賞外，還有投幣式的抽籤體驗。三樓城市探索廳使用大量互動體驗設計，帶大家從街道的變遷來看台北的進步發展。這裡依主題設計許多小空間，「生態城市」用台北所有花草植物做成生態樹；「中華路」則以熱氣球互動式設計，讓人逐一欣賞老建築的古樸之美。

還有精彩的「發現劇場」，這個有360度環形螢幕的動態劇場，透過滑動螢幕和特殊影音燈光效果，搭配不長卻很精彩的影片，如使用高達400多段剪輯與200多幅特效動畫，敘述橫跨了四代人近百年故事的《台北好時光》，製造出令人驚豔的視覺效果。

1.從市政資料館改制而成的台北探索館，是探尋台北市文化軌跡的必訪之地。

2.在「生態樹」中，可以認識台北市所有的樹木花草。

2 樂子The Diner

高質感餐點，清爽新鮮、美味道地

樂子可說得上是台灣早午餐界的先驅，位在ATT 4 FUN的旗艦店有100多個座位，店內空間融合美式休閒和Lounge Bar的慵懶氣氛。雖然店面很有質感，但餐點還是保有樂子「平價、美味、道地」三大特點。店內餐點品項眾多，令人眼花撩亂；為了讓客人吃得清爽健康，使用營養高、味道香醇但成本較高的機能蛋，附餐的柳橙汁也是每天現榨的鮮果汁，還有熱賣的鮮奶吐司更是使用純鮮奶製成。

台北市信義區松壽路12號

（02）7737-5055

週一至週五09:00~23:30，週六、日08:00~23:30

橡子共和國

台灣第一家吉卜力專賣店位於信義區的ATT 4 FUN，販售眾多吉卜力工作室經典作品如《龍貓》等主題之周邊商品（生活雜貨、書籍、DVD……），不僅可以跟大龍貓及貓巴士拍合照，還可以跟小梅一起等公車呢。喜愛宮崎駿動畫的人千萬不要錯過！（攝影：許雅眉）

台北市信義區松壽路12號B1

（02）7736-1005　11:00~22:00

1.「番茄培根班尼迪克蛋」是店內熱門商品。

2.融合美式休閒和Lounge Bar風格的用餐空間。

3 台北101

直上89樓，台北盡收眼底

台北101是台灣最高的建築物，除了讓人驚嘆的高聳外觀和建築科技外，還有匯聚各國精品的購物中心、各具特色的餐廳，滿足逛街購物和品嘗美食的需求，還有如LOVE、印信、星月交輝等耗資不斐的公共藝術可欣賞。

不過最棒的，還是可以搭乘世界上最快的電梯直上89樓室內觀景台，在離地面382公尺高的地方欣賞台北風景，享受居高臨下的暢快感，還可以看到全世界最大，也是唯一外露開放給遊客觀賞的巨型風阻尼器。如果沒有懼高的問題，心臟夠強壯的話可以前往91樓戶外觀景台，這裡可以近距離仰望大樓最高點508公尺高的塔尖，還可以感受到高樓強風的威力，或是被雲霧籠罩，好像身在半空中的飄渺感。

台北市信義區市府路45號

（02）8101-7777

觀景台：09:00~22:00 購物中心：週日至週四11:00~21:30，週五、六及國定假日前夕11:00~22:00

1.高聳的101是台北的代表性地標。

2.台北101前的「LOVE」是熱門拍照景點。

3.從觀景台俯瞰台北，城市美景盡入眼簾。

4 信義公民會館

老眷村展現新生機

在熱鬧繁榮的信義區中，原為眷村的信義公民會館沒有車水馬龍的繁忙景象，寧靜閒適的氣氛彷如世外桃源。保有過去眷村生活痕跡，「眷村文化館」陳列許多腳踏車、衣物、縫紉機等眷村文物，重現客廳、廚房、臥室的空間擺設，加上懷舊照片、紀錄片等方式重現眷村生活。

逛累了想歇歇腿，還有用舊櫥櫃、老冰箱打造出眷村氛圍的「好丘」。除了好吃的貝果和餐點外，也販售如熱水瓶、條紋購物袋等復古設計的商品，還有茶葉、零食、醬菜等種類眾多的商品，就像一家眷村雜貨店。每逢假日，會館前空地還會舉辦不同主題的市集，不少人都會特地來逛街尋寶，讓寧靜的眷村變得熱鬧生動。

台北市信義區松勤街50號
（02）2723-7937
09:00~17:00
（週一、國定假日公休）

1.會館前時常有各種主題市集，一起來逛逛吧！
2.會館內的餐廳「好丘」，是附近的人氣餐廳。
3.灰色牆面與鮮明窗框形成對比，十分可愛。

5 臨江夜市

交通方便好好逛

位在大安區的住宅區裡，也是過去我們所熟悉的通化夜市。有名的小吃多到數不清，附近上班族幾乎天天在這裡吃晚飯，既省錢又美味。夜市內還有二輪片電影院湳山戲院，沿著文昌街走下去，還有中、西式家具店。（本篇攝影：YS）

看起就像一般小吃攤的30年老店今日壽司，也是人氣店家。

今日壽司

壽司價格平實，用料新鮮份量又大，配上一碗老闆加了很多魚肉和豆腐一起煮，喝起來鮮甜可口味增湯，不用花大錢就吃得飽。

台北市大安區臨江街106-2號

(02)2736-9561

17:00~00:30

梁記滷味

櫥窗內的滷味油亮美味；米血糕軟Q入味、海帶軟硬適中、雞翅肉嫩鹹香，沾點特製辣椒醬，滋味更佳。

台北市大安區臨江街39巷50弄

(02)2738-5052

17:50~01:30

石家割包

用天然發酵的Q彈麵皮，包入肥瘦比例掌控適當，放入老滷汁中滷製的肉片，再加上香菜、花生粉、酸菜，吃上一個就很有飽足感。

台北市大安區通化街21-1號

(02)2709-5972

10:00~24:00

已有50多年歷史的石家割包，口味相當多元。

愛玉之夢遊仙草

愛玉之夢遊仙草的招牌愛玉仙草冰，自製仙草、愛玉口感非常滑嫩、入口即化，加上Q彈的芋圓，淋上奶球提味，真是香甜不膩的好滋味。

台北市大安區通化街56號

(02)2706-1257

12:00~03:00

常常一位難求，想吃甜點就得乖乖排隊！

半日遊 特色書店×美好風景

台北有許多獨立書店、特色店家。來逛逛充滿復古風情、名列「全球最美的20家書店」之一，文青必訪的好樣本事，還有知名飲食作家葉怡蘭創立的PEKOE食品雜貨鋪。晚餐到隱藏在永康商圈小巷弄裡的咖啡店，嘗完美食再到大安森林公園散散步。

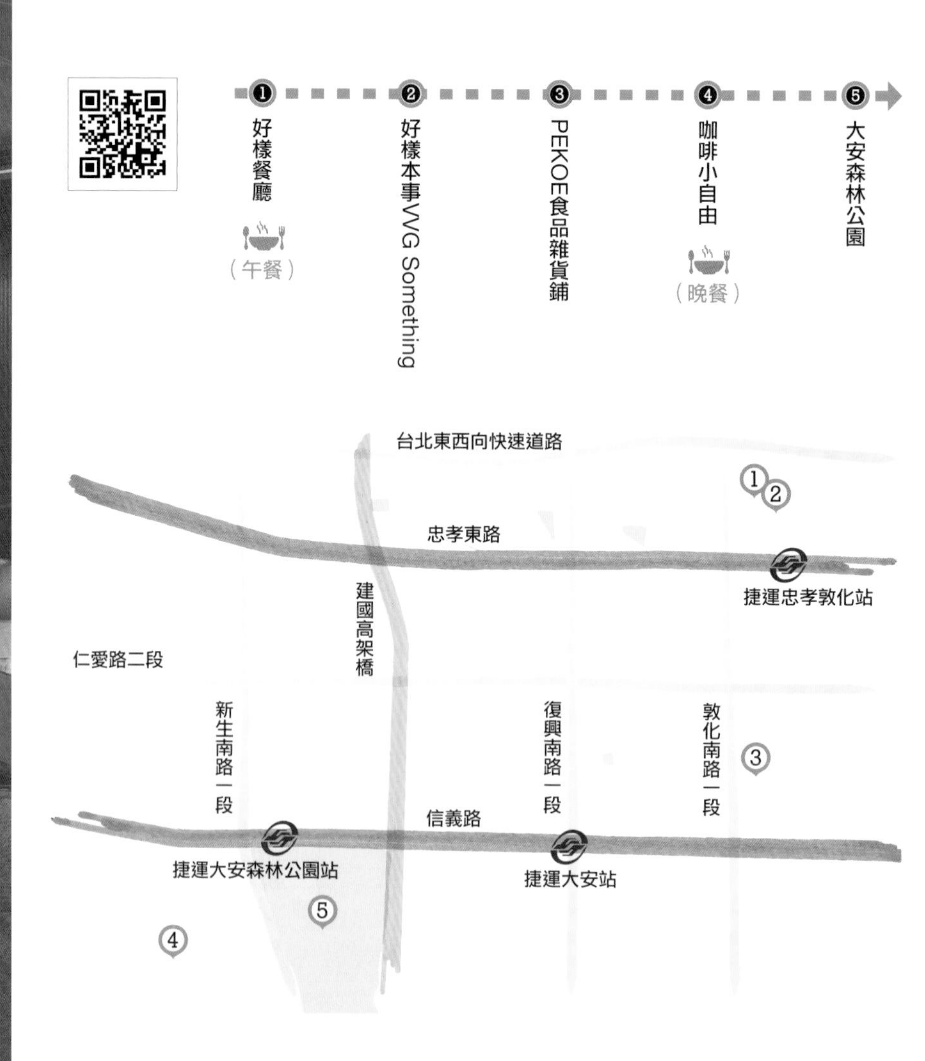

1 好樣餐廳

別具特色擺設的人文餐廳

106台北市大安區忠孝東路四段181巷40弄20號

（02）8773-3533

12:00~21:00

隱身在東區的巷子裡，是一群好朋友為了有個能聚在一起吃飯、下廚、聊天、分享彼此生活而打造的空間。綠色植栽環繞戶外座椅區，而店內的裝潢更是特別，桌椅都不是成套的，有來自朋友贈送的二手家具，也有夥伴花心思自製的，其他的布置如燈管、雜誌架大多都是DIY，混搭的風格成為特色之一。

依據當季食材激盪出的限定套餐，不僅精緻還充滿創意；除了提供吃得飽的美味餐點，更展現了餐廳對料理的熱情，並堅持把每個細節做到最好的心。

1.設計大片玻璃窗，可見到外頭充滿綠意的花園。

2.開放式廚房，使得廚師們能隨時與吧台外的客人互動。

2 好樣本事VVG Something

雜貨鋪般的絕美復古風書店

門口種了許多綠色植物，白色牆面搭配紅色推門和一台骨董腳踏車，低調的門面加上寫著好樣本事的小巧招牌，從外觀真看不出是間書店。小小的空間中卻錯落有致的擺放許多書籍和商品，置身其中讓人有種在挖寶的感覺。

台北市大安區忠孝東路四段181巷40弄13號

（02）2773-1358

12:00~21:00

店中央的長桌上和牆邊櫃子中，多陳列設計、藝術、美食、攝影類的外文書籍，編排設計和照片都非常精美。此外，這裡還有許多有趣的小東西，比起書店更像是間充滿特色的小雜貨鋪。配上昏黃燈光，營造出獨特的溫暖氛圍。

1.好樣本事曾被外媒評選為「全球最美的20家書店」之一。

2.錯落有致的商品擺放及獨具風格的畫作，營造出獨特氛圍。

3.這裡還有印章、文具、五金零件等特別的小東西。

3 PEKOE食品雜貨鋪

飲食文化的講究，從這裡開始

以紅茶分級用語中最基礎的Orange Pekoe來命名，意味著講究的開始。寬敞明亮的空間中陳列著各種精選的茶葉、果醬、橄欖油、點心等食品雜貨，以及Le Creuset鑄鐵鍋、哥本哈根餐瓷、柳宗理餐具等廚房用品。

眾多的優質食材中，特別推薦法國Christine Ferber果醬，將果醬當作甜點來製作，使用高品質的水果作為原料，每款果醬的成分雖多卻互不搶味，還特別使用台灣茶製作出台灣限定的果醬，在水果香甜中還能嚐到茶的清香，非常特別。來這裡最不能錯過的就是紅茶，除了印度、法國的紅茶外，還有台灣老師傅炭焙的「紅水烏龍」、數量不多的「正欉鐵觀音」等，每一款都是香氣悠遠的好茶。

台北市大安區敦化南路一段295巷7號

（02）2700-2602

11:00~20:00

1.這裡附設座位區，可坐下優雅享用店內販售的輕食好茶。

2.寬敞明亮的空間，陳列琳瑯滿目的食品雜貨供客人挑選。

3.PEKOE的黑板上寫有各式各樣的茶點菜單。

4 咖啡小自由

梅酒配咖啡，享受自由氛圍

台北市大安區金華街243巷1號

（02）2356-7129

週一至週六11:00~24:00，週日12:00~18:00

由老公寓改裝的空間，用深色木板、水晶吊燈、鹿頭裝飾和深色絨布宮廷椅，營造出奢華內斂的風格。保留了原有的3廳格局，剛好分為咖啡吧、威士忌吧、點心吧，卻沒有規定吃什麼就要坐哪邊，想坐在戶外坐吹風、窗邊賞景、沙發看書，想品酒、喝咖啡、吃點心，通通是客人的自由。

可以選擇香醇的義式或手沖咖啡，淺酌威士忌、啤酒，或是來杯結合義式濃縮與白蘭地的蒸餾酒咖啡，日本梅酒加淺焙冰咖啡，能嘗到果香、酒香、咖啡香的梅子酒冰咖啡。想吃點東西，有櫻桃巧克力派、錫蘭奶茶蛋糕等甜點，或是法式紅酒烤雞、香濃蘋果咖哩牛腩飯，都很不錯。

1.優雅的老屋中縈繞著咖啡與酒的氣息。

2.兼賣咖啡與酒類的「咖啡小自由」有多款飲品可供選擇。

3.挑個舒適角落，享用「梅子酒冰咖啡」與法式鹹派交融的美好滋味。

5 大安森林公園

賞花、漫步、聽音樂

台北市大安區新生南路二段1號

(02) 2700-3830

大安森林公園是台北市區中面積最大的公園綠地，可說得上是「台北之肺」。園內種植樟樹、白千層、榕樹、楓香樹等多種樹木，綠樹成蔭且花壇處處，植物種類繁多，一年四季變換不同風情，春天欣賞嬌美的櫻花，夏天花朵綻放色彩繽紛，秋季時又能欣賞楓葉由綠轉黃、變紅，四時都有賞心悅目的好風景。

除了有大片綠蔭盎然的草地可以野餐，花草樹木可供欣賞，這裡也是賞鳥的好地方，水池邊常有大白鷺、小白鷺、夜鷺，園中也能捕捉到翠鳥、紅嘴黑鵯等鳥類的身影，而且市府還有螢火蟲復育的「夜光計畫」，很快就能在這裡看到螢火蟲飛舞。規畫得宜的公園內還有涼亭、音樂舞台、慢跑道等多種設施，有時還能遇上在露天音樂台舉辦如爵士音樂節等活動，運動之餘還能順便欣賞美妙的音樂。

1.公園內百花齊放，美不勝收。

2.公園內的露天音樂台是知名偶像劇《我可能不會愛你》的拍攝地點之一。

平溪鐵道×老街風情

西元1918年，台陽礦業公司出資興建平溪支線鐵路，從此牽動了平溪鄉近一世紀的產業發展。沿線停靠大華、十分、望古、嶺腳、平溪、菁桐等六站，有山間、水畔、鐵橋、隧道，更有民宅和屋頂，而當時的煤礦遺址，也成為今日獨特的煤鄉風景。

1 十分車站

平溪線上最大站，因煤礦業沒落轉為觀光載客。自日據時期起的火車運行制度保留至今，駕駛在此交換通行證。

攝影：許雅眉

2 十分老街

狹窄的街道，火車從兩排民宅中間駛過，成為獨特的街景。

3 十分瀑布

垂簾型瀑布，因岩層的傾向與水流相反，逆斜層特徵使其有「台灣尼加拉瀑布」的美稱。

4 平溪老街

在斜坡及鐵道旁建蓋古厝房舍，店家多是傳統柑仔店、五金行、小吃店。

5 菁桐車站

少數典型木造車站，也是平溪線終點站。老式月台十分迷人，站內保留電氣路牌閉塞器、轉轍器、舊式車票箱等文物。

6 菁桐老街

地面每隔幾步就有刻著歷史里程碑的石磚，有助了解菁桐的歷史，鐵軌旁也可見遊客吊掛的祈禱語竹筒。

7 菁桐礦業生活館

過去的台鐵員工宿舍，重新整修而成，展示了菁桐礦業的發展歷程。

攝影：YS

桐花步道×風味糕點

每逢四、五月桐花季節，土城有許多地方可已看到油桐花，滿山盛放的白色花朵宛如春雪覆蓋群山，點點綠意點綴其間，美不勝收。從桐花公園往上走到山上的承天禪寺，沿途尋找桐花的蹤跡。賞完桐花，再到滿滿台灣古早味的「牛軋糖博物館」，以及營造日式氛圍的「手信坊文化館」。

桐花公園

台北近郊有名的登山古道。設有親水木棧道、露天看台、木炭窯展示區、觀景平台、三角吊橋、螢火蟲復育區等休閒區域。每到四、五月，白天可看油桐花，晚上還有螢火蟲！

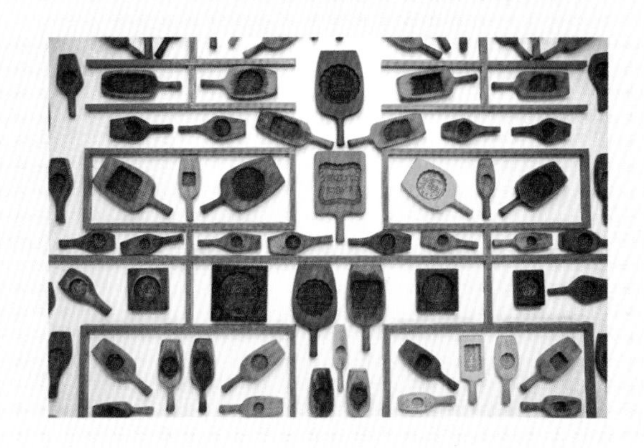

承天禪寺

開山祖師為廣欽老和尚，因年幼時曾皈依晉江名剎「承天禪寺」而命名之。近年來由於桐花祭而成為旅遊的熱門景點。承天禪寺步道兩側綠意盎然，進入山門後的白牆綠瓦，更顯莊嚴樸素。

大黑松小倆口牛軋糖博物館

除了介紹牛軋糖的製作過程以及發展歷史外，已逐漸被遺忘的傳統禮俗，也被濃縮在博物館裡；館內營造台灣古早味風格，讓人彷彿走入時光隧道，回到從前純樸的生活。

手信坊創意和菓子文化館

將傳統麻糬融入新技術，改良不易保存、冰過會變硬的問題，製作出Q彈麻糬而廣受歡迎！走進館內彷彿置身京都老街，有高聳鳥居、浪漫櫻花道，道旁的看板除了解說日本米食文化及和菓子由來外，也介紹台灣麻糬及店家歷史。

漫步巷弄・齊東街

齊東街日式住宅區在日本時期稱為幸町職務官舍群，在都市發展下，逐步拆除改建或轉為道路用地，目前部分散布在濟南路、齊東街一帶的官舍已指定為台北市歷史建築，包括了齊東詩舍、台北書畫院、台北琴道館。（本篇攝影：YS）

1 誇張古懂咖啡店

復古的門面卻有個令人印象深刻的名字，斑駁的窗框老房內有許多古玩意，雜亂中帶點整齊。嘗著咖啡輕食，體驗寧靜的懷舊氛圍。

2 齊東詩舍

由兩棟日式建築構成，分別用來舉辦活動和展覽使用。因位於齊東街，加上賦予「詩的復興」之期許，而命名為「齊東詩舍」，目前交由台灣文學館經營。

3 華山那間18plus

大片的落地玻璃窗，可以邊嘗美食邊看公園綠意。真材實料、新鮮現做的甜點與鹹派，讓人一吃就愛上。

4 台北琴道館

建物內部現由台北市政府文化局委託給中華古琴學會。以琴道為宗旨，在古蹟中傳承古琴和茶文化，也會定期推廣舉辦多項琴道活動。

5 台北書畫院

由台北市政府文化局和中華民國書學會創立，日式古蹟中除了舉辦主題展、常設展、講座等，也可進行書畫的室外揮毫，體驗傳統書畫藝術文化，與台北琴道館僅一牆之隔。

質感小店・文具控

收集文具會讓人成癮，在大安區內有許多風格小店販售著獨特的文具、古物，是藏家必訪之地，也許你狂戀鋼筆，也許你偏愛紙膠帶，更可能你對手帳、筆記本有所偏執，一起來看看隱身在巷弄中的質感文具店吧！

1 多麼咖啡

由兩層公寓改造，一樓有個大的木質吧台，熟客喜歡在這裡跟老闆聊天，二樓明亮寬敞，充滿綠意的盆栽和擺飾，讓空間更具個性。

2 禮拜文房具

店內擺設許多古董級物件。來自海內外極具質感、多樣化且不同種類的文具、生活用品讓人目不暇給。

3 明進文房具

沿用阿公在屏東開的鐘錶行店名。筆具、墨水、紙品、手帳、紙膠帶等文具雜貨整齊擺放於架上。老闆習慣跟客人聊天了解習性後，再作商品的推薦。

6 小品雅集

鋼筆愛好者的朝聖地，只要告訴店員預算，就會為你挑出該價位的鋼筆，提供試寫，讓你找到屬於自己的鋼筆。

4 古道具delicate

漆白的破舊鐵皮屋內，以日本舊物為主。從各地蒐集來的老物件靜靜的陳列於店內，甚至抬頭仰望也是風景。

攝影：鄭婷尹

5 風和日麗唱片行

以「好好聽音樂，好好過生活」為理念。店內CD牆是老闆的收藏，不妨點杯飲料，來段和音樂對話的悠閒時光。

走進名人生活，
一窺往昔風采

文化台北：名人故居

1 藝術的美學空間

往往會展示藝術家的作品，能夠提供民眾一個欣賞美學的好去處。

INFO

蒲添生故居

地址：台北市中正區林森北路9巷16號
電話：（02）2321-3539
營業時間：週二至週日，採團體預約方式參觀

張大千紀念館

地址：台北市士林區至善路2段342巷2號
營業時間：09:00、10:30、14:00、15:00（每次參觀時間40分，採網路預約制，週一公休）

2 英文也很好的文學家

閱讀文學作品時，免不了會對作者感到好奇，探訪故居能更深入他們的生活。

INFO

梁實秋故居

地址：台北市大安區雲和街11號
電話：（02）2363-4598
營業時間：11:00～17:30，（週二公休）

林語堂故居

地址：台北市士林區仰德大道二段141號
電話：（02）2861-3003#16
門票：全票30元
營業時間：09:00～17:00（週一公休）

3

文史哲都有研究

於眾多領域均有研究的學者們，在住宅可以看到他們的嚴謹生活及治學態度。

INFO

錢穆故居

地址：台北市士林區臨溪路72號
電話：（02）2880-5809
營業時間：09:00～17:00（週一公休）

胡適紀念館

地址：台北市南港區研究院路二段130號
電話：（02）2782-1147、2789-9720
營業時間：週二至週六09:00～17:00

4

頗有貢獻的政治家

對台灣政治、經濟具有重要貢獻的人，他們又是如何勤勉自持過生活的呢？

INFO

李國鼎故居

地址：台北市中正區泰安街2巷3號
電話：（02）2356-4398
門票：全票50元
營業時間：週二至週六10:00～16:00

孫運璿科技‧人文紀念館

地址：台北市中正區重慶南路二段6巷10號
電話：（02）2311-2940
營業時間：10:00～17:00（週一公休）

5

總統住過的地方

蔣中正的行館，全台約有30多處，大多並不豪奢，但安全管制十分嚴密。

INFO

草山行館

地址：台北市北投區湖底路89號
電話：（02）2862-2404
門票：全票30元
營業時間：10:00～17:00（週一公休）

陽明書屋

地址：台北市北投區陽明山中興路12號
電話：（02）2861-1444
門票：全票80元
營業時間：09:00～16:30（每月最後一個週一公休）

臺北市立兒童新樂園
TAIPEI CHILDREN'S AMUSEMENT PARK
出口 EXIT
入口 ENTRANCE
入口 ENTRANCE
悠遊卡
悠遊卡
公告

CHAPTER 3

玩樂童趣的美好

出社會之後，有多久沒有體會到孩提時的天真快樂了呢？其實，台北不只是個冰冷、繁忙的都市，也是充滿童趣的大遊樂場。一起在大街小巷裡穿梭、尋寶，參與各類趣味手作體驗，找回被我們遺忘的純真與美好。

永和哈韓尋寶

吃完很澎湃的早餐後，先到博愛藝術街參觀油畫大師楊三郎博物館，再前往以韓系商品為主的中興街找韓國進口商品。覺得累了，來特色咖啡店「季節香茶葉與咖啡烘焙屋」品嘗下午茶，也別忘了小巷中還有特色書店等你拜訪；最後到永和的後花園「綠寶石河濱公園」走走，就是美好的一天。

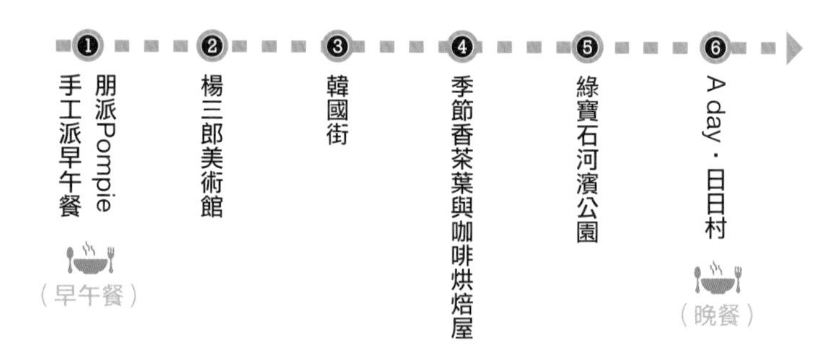

1 朋派 Pompie 手工派早午餐

經典鹹派健康自然，焦糖布丁柔滑綿密

老闆是一對可愛的情侶，到澳洲打工時，在麵包廠學會當地特有的點心鹹派作法，於是開了這間小巧可愛，專賣手工派的早午餐店。取名「朋派」，就是和朋友分享的派，也是台語「澎湃」的諧音。

鹹派採用手桿派皮做底，香脆可口。「經典牛肉原味派」內餡香滑，充滿肉香卻不膩；「瑪格麗特」使用番茄、蘆筍等新鮮蔬菜做餡料，爽口無負擔；加入洋蔥、培根、起士的「法式洛林」也很推薦。也有使用當季蔬果研發季節限定甜點，夏季有芒果派，秋天則有南瓜派、栗子派。不過最推薦的還是焦糖布丁，蒸烤布丁綿密香柔沒有氣孔，和苦甜的焦糖非常對味。

新北市永和區博愛街30號

（02）8925-0496

10:00~18:00（週二公休）

1.店內空間小巧可愛，氣氛很溫馨。

2.天花板上有腳踏車造型吊燈，十分有趣。

3.健康自然的經典鹹派，保證讓你回味無窮！

2 楊三郎美術館

台灣油畫界一代大師故居

新北市永和區博愛街7號

（02）2927-0077

11:00~17:00（週一公休）

從小就對藝術充滿興趣，儘管小學時右手中指不慎遭細菌感染而截指，仍未影響楊三郎「當畫家」的志向，十六歲即獨自前往日本學習繪畫，而後又去法國深造。在楊三郎美術館園區內，白牆黑瓦的兩層磚造日式房舍「網溪別墅」是楊三郎的故居與畫室，已有近百年歷史。美術館一至五樓內珍藏近百幅楊三郎的油畫作品，不定期會更換展示品。

3 韓國街

哈韓族的尋寶地

新北市永和區中興街

中興街又被稱作「韓國街」，整條街上很多專賣韓國進口商品的店家。騎樓下貼著如「你好嗎」、「很好吃」等簡單的韓語教學海報。早期以批發為主，現在逐漸轉型做零售。想要買韓國食品，無論是零食、飲料、泡菜、調味料，還有韓劇中常見的黃銅泡麵鍋，這裡通通找得到。

1.五花八門的韓國泡麵，道地口味在這買到！

2.韓國街上招牌林立，商行多專賣韓系商品。

4 季節香茶葉與咖啡烘焙屋

香飄四季，體驗咖啡的多元層次

樸實的外觀，簡單的空間，放滿咖啡豆和茶葉後，只夠再放幾張小桌子，但卻常常客滿，因為咖啡、茶飲都相當有水準。提供的咖啡有八成以上經過認證，並手工挑選出瑕疵豆，確保每杯咖啡都有好品質，還會配合咖啡豆的特性，以手沖方式呈現出最完美的風味。

因為單品咖啡多以淺焙為主，酸味較明顯，大部分人比較難以適應，也就嘗不到咖啡後韻回甘的滋味；所以貼心的老闆會附上一點小驚喜；如果是夏天，會提供一小杯冰咖啡，冬天則會用厚度不同的小杯裝，讓客人能夠體會咖啡在不同的溫度、杯子厚度會產生的風味變化。

新北市永和區仁愛路71號

(02) 8660-4684

週一至週六10:00~22:00，週日13:00~23:00

小小書房

小小書房是間人文氣息濃厚的獨立書店，以當代文學、人文社會、哲學等非主流書籍為主，有獨立出版品區、二手書區和童書區；也有獨具特色的音樂出版品。雖然外觀看起來不起眼，卻舉辦演講、座談會、讀書會、創意手工課程等活動，還辦了《小小生活》和《本本》這兩份刊物，是個努力推動文化創意，相當有理想的書店。

新北市永和區文化路192巷4弄2-1號

(02) 2923-1925　11:30~22:30

1.老闆細心講究，只為了提供顧客最好的咖啡體驗。

2.老闆除了鑽研咖啡外，連茶葉也有所研究，店內提供的茶和咖啡都是自家烘焙。

3.店內也提供義式三明治等簡單輕食。

5 綠寶石河濱公園

水岸運動廣場×趣味恐龍彩繪

新北市永和區環河西路二段

從華中橋到中正橋間的綠寶石河濱公園，對地狹人稠的雙和區來說，就像寶石一樣珍貴。這裡籃球場、溜冰場、網球場、腳踏車越野練習場等運動設施一應俱全，還有狗兒可以盡情奔跑的寵物公園，以及可一路騎到土城媽祖田、八里左岸的自行車道；每年10月至隔年3月適逢雁鴨群棲息過冬，還能邊騎車瀏覽明媚風光兼賞鳥。

公園最大的優點就是幅員廣大視野好，可以在河邊漫步，欣賞對岸台北市高樓和水面倒影形成的美景。此外，華中橋下也有個有趣的彩繪值得一看，現場還有簡單說明，教大家如何擺動作拍出被恐龍追、頭被恐龍吃掉等有趣的情景照片。

1.這幅約20坪大的立體彩繪，畫裡的自行車騎士遭兩隻凶猛暴龍追逐，相當逼真。

2.在綠寶石河濱公園騎車兜風欣賞美景，令人身心暢快。

3.華中橋下有多幅趣味恐龍彩繪與裝置藝術。

6 A day • 日日村

日系雜貨風的親子咖啡廳

新北市永和區仁愛路279號

(02) 2925-7699

12:00~21:00（週一公休）

A day · 日日村是間融合雜貨風和鄉村風的可愛咖啡店，是老闆夫婦為了孩子開的店，用日式雜貨、低矮的課桌椅妝點的空間，每個角落都可愛有特色，相當適合幫小朋友拍照。

這裡的餐點都用木托盤裝，看起來可愛又有質感，像是「野餐鬆餅」就用鐵籃裝了3個圓滾滾的鬆餅，附上奶油、果醬和擠花袋，讓小朋友可以在鬆餅上畫畫。還有色彩繽紛的「德式香腸烤餅」，薄脆的烤餅配上蘋果、火腿，吃起來鹹鹹甜甜，小朋友拿了也不容易掉餡；附餐有自製優格和沙拉，微酸的優格營養又解膩，沙拉生菜種類多，有少見京都水菜、綠火焰，淋上自製香甜凱薩醬，挑食的孩子也能吃光光。

1.融合雜貨與鄉村風格，充滿溫暖可愛氣氛。

2.「野餐鬆餅」會附上奶油、果醬和擠花袋，讓客人在鬆餅上畫畫。

3.店裡每個角落都有可愛的雜貨。

鶯歌老街×陶藝體驗

鶯歌陶瓷業起源甚早，清代到日治時期，這裡就已經是北台灣主要的陶瓷產區，至今近兩百年的發展，陶瓷已成為獨特的地區特色。吃完遠近馳名的阿婆壽司，也到陶博館認識陶瓷文化後，就來逛逛文化路、尖山埔路與重慶街一帶的鶯歌老街，順便體驗手拉坏！

1 阿婆壽司

24小時不打烊的銅板美食

新北市鶯歌區中正一路63號
(02) 2670-9345

一樓是開放式廚房，強調新鮮現作，製作過程透明化，讓客人吃得安心。壽司、小菜、湯品、涼麵類外，還有關東煮可以選擇，除了味噌湯和茶碗蒸外，均採用自助式。無論是海苔壽司、蛋皮壽司或豆皮壽司，各有擁戴，都想吃的話建議點份綜合口味；茶碗蒸有肉絲、香菇和滑嫩的蛋；以柴魚和小魚熬成的鮮甜味噌湯，滿滿的豆腐，清爽順口。一百元有找，卻是吃得超飽、超滿足。

2 汪洋居

鶯歌唯一的市定古蹟

新北市鶯歌區文化路279號
(02) 2678-0202（鶯歌區公所）

隨著時光流逝，鶯歌的古厝漸漸消失，目前文化路上僅剩汪洋居供遊客們憑弔。汪洋居建於1916 年，是鶯歌最早出現的洋樓，採中西混合式的建築風格，建築分為兩層，樓下是店面，樓上則是居住空間。目前立面磚牆的部分被完整地保留，因此可看出其修造工法、巴洛克式裝飾，可見期藝術價值。昔日經營米糧之錢櫃等依然保留，可以見證昔日鶯歌商業歷史。

汪洋居的立面牌樓維持得還很好，可清楚看見其建築特色。

3 鶯歌陶瓷博物館

博物館本身就是藝術品

新北市鶯歌區文化路200 號

(02) 8677-2727

週一至週五09:30~17:00，週六、日09:30 ~18:00

鶯歌陶瓷博物館是台灣首座以陶瓷為主的博物館，大片透明玻璃和鋼骨架，搭配上混凝土質地的清水模，讓博物館看起來樸實俐落。透明玻璃使得陽光能完全進入館內，在廣闊的空間內展現光影之美。館內有常設展和各項特展。配合不同的主題展覽，展示品也有不同風格。

陶博館的後方，是占地廣大的陶瓷公園，若是參觀完館內，可以順便來這裡走走，在散落著陶瓷裝置藝術的空地上跑跳，還有親水池可以讓大人、小孩來玩玩水。園區內還有晚來常常就買不到的窯烤麵包、披薩，千萬不要錯過。

1.博物館一樓左側設有一座磚窯。

2.適合一家大小來玩，館內館外都好看。

3.館內展示著大量瓷器。

（本篇攝影：YS）

4 鶯歌老街

漫步陶瓷老街尋寶去

尖山埔路從日治時期開始，就因多家陶瓷廠林立，而贏得陶瓷街美譽；入口有一座仿文化路古厝「成發居」的紅磚建築，鐵製藝術是展翅的鶯歌鳥。不論陶瓷藝術品、創意造型陶瓷、茶壺、茶具、禮品、日常用瓷等，在這裡都可以找到。喜歡陶瓷的朋友只要走進店家尋寶，不會空手而回。老街在假日時還會不定期舉辦活動表演。

新北市鶯歌區文化路、尖山埔路與重慶街一帶

1.老街上商家林立，各有各的特色。

2.鶯歌成為舉國聞名的陶瓷重鎮，更有「台灣景德鎮」的美名。

5 安達窯

將美帶進生活

在蒙古語中，安達是朋友的意思，而安達窯就是應「以陶會友」的意念而生。安達窯的作品，有陶藝、青瓷、定窯、台灣之美等。希望出產的作品不但有觀賞價值，更有實用功能，以青瓷來說，它總是被視為珍貴的藝術品，僅供欣賞之用，但是在新活力的灌注下，它可以是茶具、甚至是水果盤、甜點盤，體現生活即藝術的理念。

秉持著推廣台灣文化特色的精神，安達窯也將台灣文化運用在陶瓷上面。

新北市鶯歌區尖山埔路54號

（02）2678-9301

10:30~19:30

6 新旺集瓷

親身體驗、製作專屬陶器

新北市鶯歌區尖山埔路81 號

（02）2678-9571

週一13:00~18:00（陶藝教室公休），週二至週日10:00~18:00

「新旺集瓷」是一個傳承四代的陶瓷家族，創業至今已有80多年。博物館建築以白色做為基調，每件陶瓷作品在這裡皆能夠恣意展現它的特色。以文創為出發點，新旺集瓷裡的品牌眾多，每個品牌都有各自的特色、風格，而且無論是送禮還是自用都很適宜。館內古董級的瓦斯窯、車碗機、腳踢式轆轤等製陶設備，都是從前工廠留下來的舊設備，雖然老舊但都是還可以使用的。館內還有提供捏陶體驗，找個假日來到這裡，親手捏出屬於自己的作品！

1.從前工廠留下的舊設備。 2.新旺集瓷裡的品牌眾多，各有特色。

見證鶯歌陶瓷史的古窯煙囪

目前可見的老煙囪所生無多；文化路的蛇窯，這種窯爐通常沿坡地而建，窯頭往往低於地平面，窯尾則順著坡度而升，利用地形坡度形成自然的抽力，幫助燒窯時熱氣上升。

合興窯、中興電瓷窯、鶯歌老街及舊鶯歌鎮公所後方的四角窯，以其外形為四方形而得名，又稱「角窯」或「四方窯」，因為以煤炭為主要燃料，所以也稱「煤炭窯」。日治時期引入，對臺灣窯業產生決定性影響，但也造成了汙染。

至於位於重慶街的隧道窯，以紅磚搭建，仍保留之前的台車道，忠實呈現古早窯的面貌。其台車是一部接一部，從窯的這端進入，燒成後，由另一端出來。最先是由磁磚業、衛浴陶瓷業、紅磚業引用，後來日用陶瓷業也改用此一窯種。

手拉坏體驗

01 定中心：以雙手將陶土往中心壓擠，使其不晃動。

02 開洞：將雙手拇指併攏，從中心點往下挖，使其形成一個洞。

03 處理底部：雙手拇指由中心點逐漸向外推開，並整平底部。

04 拉高：慢慢往上拉高。

05 變形：一手輕靠著，另一隻手將陶土輕輕往外拉。

06 拉出碗型。

07 碗口漸漸成型。

08 修飾。

09 經過2至3週的工作天後，作品燒窯完成。

1

4

5

6

7

8

9

完成品

藍染DIY‧三峽老街

三峽過去曾是北台灣轉運茶葉、煤礦、樟腦與染布的重鎮，貿易頻繁，造就了繁榮的街區。雖然隨著產業轉型，老街繁華不再，但傳統工藝與華美的紅磚建築卻保留了下來，成為這裡最動人的風景。

1 三峽藍染生活工坊

是藝術，也是生活

三峽曾是藍染業的重要集散地，不但盛產藍染原料——大菁，又有清澈溪水可供漂淨染布，讓藍染業盛極一時。然成衣業的興起，讓藍染轉趨式微，直到現代人重新重視起天然手作的植物染，才讓藍染再度受到重視。

對三峽人來說，藍染既是藝術，也是生活，這正是藍染生活工坊的宗旨，當地的國小學童也都要接受藍染藝術的洗禮。遊客們來到這裡，也可以參加工坊的體驗課程，創造出專屬自己的藍染藝品！

新北市三峽區中山路20巷3號

(02) 8671-3108

10:00~17:00（週一公休）

1.純手工的藍染工藝，讓每一項作品都獨一無二。

2.展示中心裡也販售各種藍染作品。

3.承襲傳統工法，藍染技術在各方推動下有了新的未來。

2 三峽歷史文物館

重新發現三峽的歷史定位

新北市三峽區中山路18號

（02）8674-3994

09:00~17:00（週一公休）

三峽歷史文物館原是日治時期的舊鎮公所，建於1929年，當年曾有「全台最美麗的辦公大樓」之美稱。1995年改為「歷史文物館」，館內定期籌辦各類展覽，並展示三峽地區的文物史蹟，是古老建築再生利用的優良典範。

你可以在這裡看到三峽一直以來的發展軌跡，昔日興盛的煤礦、染布、茶、樟腦等產業，如今成為都轉型成為另類的觀光資源，為老街帶來新生。

1.三峽曾是重要的煤礦產地，所以這裡也可見到過去使用的採礦設備。

2.日洋合璧的紅磚建築，曾有「全台最美麗的辦公大樓」之稱。

3 三峽老街

遙想當年的流金歲月

走進三峽老街，就好像進入了時光隧道，屹立的巴洛克式牌樓、樸拙的紅磚，都是見證往年繁華的輝煌記憶。

別緻的磚紅建築，可以想見過往的繁華。

古伯手工米苔目

古伯米苔目採古法製作，以在來米為原料，歷經多道手工才能上桌。畫龍點睛的湯頭，更令老饕讚不絕口。

新北市三峽區民權街9號

(02)2671-6889

週一至週五08:00~18:00，週六、日08:00~20:00（隔週一休）

元春大藥房

老街上不乏百年老店，像是古色古香的元春大藥房，開業至今已超過160年！

新北市三峽區民權街109號

(02)2671-1471

09:30~18:00（週二公休）

藥房門面擺放著各式童玩小物，但裡頭仍是百年老藥行。

康喜軒牛角

還沒走進老街，就聞得到濃濃的烘焙香氣，這就是金牛角的魅力！在商家的創新下，還推出了牛角冰淇淋！

新北市三峽區民權街44號

(02)8671-1907

08:00~20:00

炎熱天氣裡來個牛角冰淇淋，最是過癮！（攝影：YS）

伴手好禮

茶山房肥皂

老街上有茶山房總店，販賣純天然手工皂，頗受好評，帶一塊回家試試吧！

4 三峽祖師廟

東方雕刻藝術殿堂

新北市三峽區長福街 1 號

（02）2671-1031

04:00~22:00

三峽祖師廟是三鶯地區的宗教信仰中心，最早建於1769年，曾歷經3次重建，最後由當地知名藝術家李梅樹親自主持規畫，讓祖師廟有了更多元的藝術性，在眾多工匠的努力下，祖師廟煥發了新風貌，也贏得了「東方雕刻藝術殿堂」的美譽。

與其他傳統廟宇相較，三峽祖師廟裡的藝術作品有許多異材質的表現，傳統的木雕、石刻固然不少，另外也有銅雕、銅鑄作品。牆上石雕有許多都來自國寶級的藝術家，銅雕作品則滿溢著忠孝節義的歷史典故，體現了宗教勸人為善的本質。

1.廟宇屋頂的簷角高高翹起，裝飾藻麗。

2.母獅子木雕，小巧精緻。

3.石柱上除了傳統祥瑞圖樣外，也有花草禽鳥。

5 甘樂文創

古蹟與人文的結合

新北市三峽區清水街317號

（02）2671-7090

11:00~21:00

如果走累了，不妨暫時離開老街的人潮，到一旁清水街的甘樂文創歇歇腳。甘樂文創是複合式的展演空間，也提供餐飲服務，不定期有各類表演或講座，還有老街導覽與藍染體驗課程，相當有趣。

這裡是由在地年輕人一手打造，最有特色的是店門口處，那只名為「來碗三峽」的藍色大碗，將三峽風景完整濃縮在碗裡，非常神奇！

1.店內相當有氣氛，是可以放鬆休息的好地方。

2.以鐵皮包覆古厝的空間設計，將新舊空間完美整合。

3.「來碗三峽」是甘樂文創的鎮店之寶，旁邊也有販售迷你版的喔！

趣味手作・博物館

我們每天幾乎都會接觸到紙張，但你知道紙是怎麼做成的嗎？紙博物館告訴你！這裡有造紙、手工書的DIY活動。實際體驗後，來參觀藏有許多小巧藝術品的袖珍博物館。今天也安排了很有日式和歐風的餐點：Machikaka讓你不用到日本，就能嘗到有日本味的定食與抹茶甜點，圖比咖啡則有歐式小酒館的氣氛，讓人可以在忙碌嘈雜的都市中偷得短暫優閒時光。

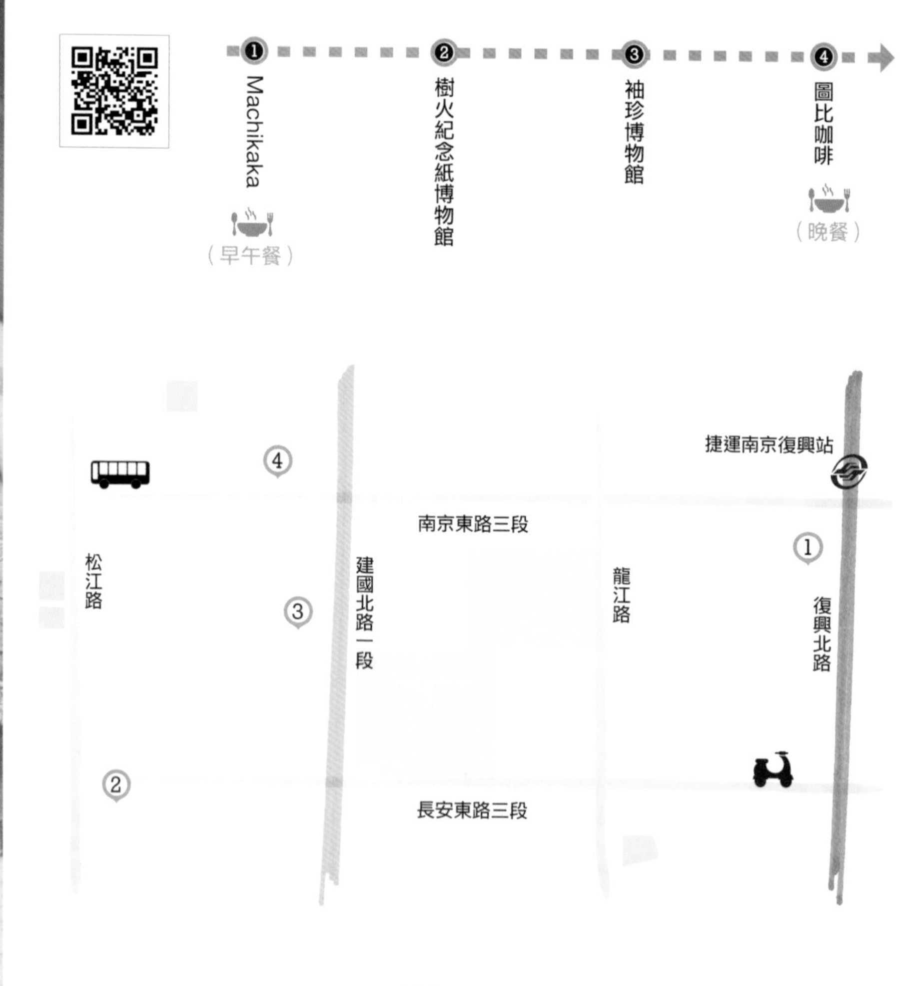

1 Machikaka

日式家常風味的甜點與定食

這家位在巷子裡的小店，老闆是位熱愛美食的日本人，所以店內餐點不使用半成品，都是真材實料的自製日本美味。下午茶首選「抹茶重乳酪蛋糕」，就是選用日本進口的抹茶、澳洲的起司乳酪，加上Oreo餅乾製成，入口就能感受到乳酪的微酸，接著感覺到抹茶的香，最後還有餅乾的脆；最後喝口溫熱的福吉茶，剛好沖淡殘留的乳酪黏膩感，只剩滿口奶香。

台北市中山區南京東路三段216巷4號

（02）2777-2777

11:30~21:30（週一公休）

除了好吃的甜點外，中午也有口味道地的日式定食。附有白飯、小菜、甜點和熱茶的「馬鈴薯燉肉定食」，充滿醬香的柔軟豬肉燉得入味，配上鬆軟的馬鈴薯，道地日本家常味，讓許多日本客人大呼「有媽媽的味道」。

1.帶有奶香和茶香的招牌「抹茶重乳酪蛋糕」。

2.甜點搭配回沖也不會變淡的福吉茶，最是對味。

3.不知道吃什麼？照著黑板上的手繪甜點，點下去就對啦！

2 樹火紀念紙博物館

造紙DIY，有趣又好玩

台北市中山區長安東路二段68號

（02）2507-5535

09:30~16:30（週日公休）

位在車水馬龍的長安東路上，卻感覺不到喧鬧的氣息，四層樓的空間瀰漫著一種溫暖、舒適、自然的氛圍。這裡最有趣的就是造紙DIY體驗活動，在頂樓利用紙漿和抄網，簡單幾個步驟，就可以做出一張很特別的毛邊手工紙。如果有興趣在家裡做手工紙，一樓也有DIY組可選購。

一樓頗具歷史的手工造紙廠和活版印刷，假日有時會有工作人員進行操作，讓大家了解中國三大發明中的造紙和印刷如何運作。三樓的常態展區，介紹了人類用紙的歷史、造紙的原料，以及紙在生活中的各種運用，如喇叭紙、吸油面紙、火鍋紙、竹炭紙等，還能透過科學實驗活動了解不同的紙特性。

伴手好禮

犁記餅店

位於紙博物館旁的台北犁記，人氣商品當屬金色的鳳梨酥，酥脆、帶有奶香味的外皮，加上自家研製、香甜不膩的鳳梨內餡，難怪是遊客必買伴手禮；而綠豆椪，由綠豆、滷肉、紅蔥頭及芝麻組成的內餡，十分誘人，也是熱銷商品。

1.精心布置的手工紙作坊，有著溫暖的人文氣息。

2.常態展區裡介紹了造紙術的演進過程。

3.和紙業息息相關的印刷術，也是展覽重點。

造紙DIY

01 準備材料。

02 調整紙漿濃度，將紙漿放入水槽內。

03 用手將紙漿攪拌均勻。

04 將抄網放入水槽，平穩地撈起紙漿。

05 平放在工作台上，放上一些樹葉作為裝飾。

06 覆蓋三張吸水紙，以兩手輕壓。吸乾多餘的水。

07 將抄網翻面，利用抹布以同方向擦乾。

08 將抄網拿起，再用吸水紙覆蓋，輕輕拍打。

09 送去烘台烘乾即完成。

1

2

3

4

5

6

7

8

完成品

3 袖珍博物館

巧奪天工的精緻收藏

擁有200多件作品的袖珍博物館，是亞洲第一座專門收藏當代袖珍藝術品的主題博物館，每件作品都相當精緻，這些小巧藝術品大至建築物，小到書桌上的鑰匙都是實物等比縮小，1公分高的酒瓶裝著真實的白蘭地、郵票大小的油畫是油彩真跡，椅子、床單、瓷器、玻璃、壁紙、水晶燈等，全部都是實物翻版縮製。

台北市中山區建國北路一段96號B1
(02) 2515-0583
10:00~18:00（週一公休）

幾件館中之最的作品一定要仔細欣賞，以暴風雨中的美國西部小鎮為主題、最大的作品「雷電中的雷和小鎮」，仔細看鎮中的每個地方都有不同的事情發生。最小的作品「樹上礦坑」，麻雀雖小，但細節都處理得仔細，甚至看得到辦公室內的工程師。館內第一件大型收藏品、最有代表性，重現加州豪宅風情的「玫瑰豪宅」，還有收藏價足夠在台北買間豪宅，最貴的作品「白金漢宮」。

1.「溫哥華南邊小廚房」給人溫馨的感覺。

2.「面向森林的主臥室」華麗而穩重，令人嚮往。

3.「湧湧的玩具屋」是館長送給孫子的禮物。

4 圖比咖啡

在地美味與歐風輕食，碰出新火花

簡約沉穩的空間，配上溫暖的燈光和木製桌椅，營造出令人感到輕鬆自在的歐式小酒館氣氛。不同於標榜道地西式風味的早午餐，圖比咖啡的餐點加入鹹豬肉、鹹蛋、滷肉、台式香腸等道地台灣美味，創造出精燉家常滷肉堡、歐式白醬佐北埔鹹豬肉等台、西融合的美味。

店家推薦的「歐式白醬佐北埔鹹豬肉」，在外酥內軟的佛卡夏麵包中，夾入煎得香噴噴的鹹豬肉、新鮮蔬果和特製白醬；大口咬下，麵包香軟，肥瘦適中的豬肉帶著鹹豬肉和孜然混合的香氣，口感軟嫩還會噴汁。店內自製甜點也是店內人氣餐點，千萬不要錯過。

台北市中山區南京東路二段163號
（02）2501-6151
07:00~21:30

1.甜甜奶香配上酒釀櫻桃淡淡的酸甜酒香，既可愛又好吃的「酒漬櫻桃烤布蕾塔」。

2.溫暖燈光與木質桌椅，營造自在的氛圍。

3.軟式貝果也是店裡的一大招牌。

花博公園×藝術玩賞

適合親子共遊的花博公園，可以玩上半天，在這裡散步運動後，一旁還有市集讓你逛得不亦樂乎！午後陽光炙熱，就來摩登前衛的台北市立美術館，還有訴說在地文史的台北故事館，感受不同風情！

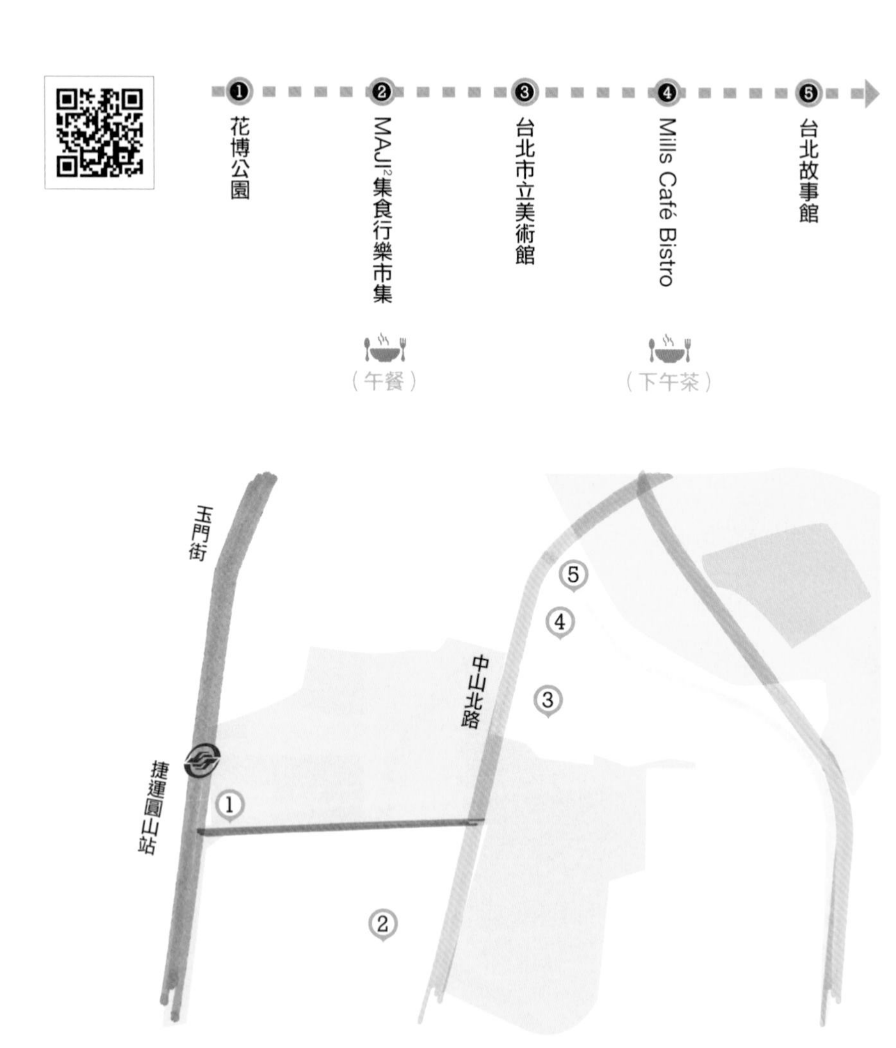

1 花博公園

享受假日休閒時光

台北市中山區玉門街1號

（02）2182-8886

占地廣的花博公園環境優美，各展場也常有活動展覽可參觀。週末假期來到花博公園散步踏青，一出捷運圓山站就會看到頗具規模的農民市集，有許多來自全台各地的小農在這擺攤，販售在地時令農特產品，還有農產品試吃、有趣小遊戲及抽獎活動。

逛完市集可以散步到流行館，欣賞於週五、六、日開放參觀的水展覽，展館一樓是體驗區，二、三樓是關於水資源的各種介紹，讓大家透過親身體驗等方式，了解水資源是何等珍貴。花博公園也常有不定期舉辦的花卉展，像是新生園區的玫瑰園，每到春季就會有玫瑰展，超過600種的嬌豔玫瑰，有黃色花瓣、粉紅色鑲邊的「矮叢玫瑰」，還有圓瓣彩球型，顯得相當古典優雅的「老玫瑰」，千姿百態各自展現風情。

1.花博公園適合散步運動，也是假日休閒的好去處。

2.販售小農自種新鮮蔬果的農民市集，每到假日總是人潮滿滿。去就對啦！

2 MAJI²集食行樂市集

特色餐館小店的集散地

台北市中山北路、民族西路口

(02) 2597-7112

12:00~22:00

位在花博公園圓山園區的MAJI²集食行樂市集，運用貨櫃、原木穀倉打造出具有異國氛圍的生活市集空間。區分為神農市場、創意市集、異國美食餐廳、特色商店街等6區。這裡的每間店都頗具特色，如神農市場就是一家超市，裡面販售精選的無毒食材、小農作物、得過神農獎的優質產品，以及各種好味道的小品牌調味醬料，喜歡下廚的人一定要來逛逛。

特色商店街中有賣手工貝果和冰淇淋的好丘，客製化T恤專門店EGG Store，全台唯一使用古法手工製作薩克斯風的HAKAN，販售復古服飾、皮包、玩具、家具的古著服飾專賣店Vintage Passion。肚子餓時除了有異國小吃街，還有提供泰式家常菜、下酒菜的太老爺泰式小酒館，道地日式串燒居酒屋天命庵，大塊牛排插著刀子豪邁上桌的Butcher Kitchen肉舖廚房。

1.HAKAN是全台唯一使用古法手工製作薩克斯風的專門店。

2.市集裡的旋轉木馬，很受小孩們歡迎。

3 台北市立美術館

亞洲最大的現代美術館

台北市中山區中山北路三段181號

（02）2595-7656

30元

09:30~17:30（週一公休）

以推廣展覽現代藝術為主，建築本身就是一件藝術品，以傳統四合院的概念出發，外觀看起來像許多白色方型管子堆疊，內部卻巧妙的構成一個井字空間，極具現代感的外型，和典雅優美的鄰居台北故事館，呈現出截然不同的美感。

身為亞洲規模最大的現代美術館，寬敞的空間中同時有5到6個展覽進行，有些是比較容易理解的畫展、雕塑展，可以自己慢慢參觀欣賞，體會創作者想表達的想法；也有許多融合音樂、表演等多種形式，表達方式比較複雜的展覽，可能要跟著工作人員導覽解說，才能了解展覽意涵和創作者想法。如果喜歡展覽作品，離開前別忘了到書店逛逛，除了和展覽相關書籍外，有時候也能買到有趣的創意小物。

1.挑個晴朗天氣，來一趟藝術之旅吧！ 2.館外也有許多裝置藝術，不妨在附近走走逛逛。 3.館區種有許多木棉樹，每年花季綻放的橘紅色木棉，相當豔麗。

4 Mills Café Bistro

時尚美食空間

台北市中山區中山北路三段181-1號

(02) 2585-6811

11:30~21:00

空間設計十分時尚，卻又運用許多復古家具，以歐陸料理為主。除了餐廳，二樓戶外的Sky Bar提供調酒、各式飲品和餐點，也常會舉辦活動，吸睛的帆船舞台和帳篷座位區更是充滿異國情調。

5 台北故事館

優美洋樓，訴說悠悠往事

台北故事館是圓山中山橋頭最美麗的風景，舊名「圓山別莊」。由百年前大稻埕茶商陳朝駿所興建，作為招待所和度假別墅。都鐸式風格的兩層洋樓外觀優美典雅，一樓門口有石柱，二樓有利用曲線、垂直、水平的木條做成樹枝狀的壁面，還有磚造的塔樓與煙囪；入口上方的塔樓鑲嵌著綠、黃、紅三色的彩繪玻璃，地上鋪的都是有花草圖案的凸花磁磚，還有兩座造形優美的壁爐，內部空間古典雅致。

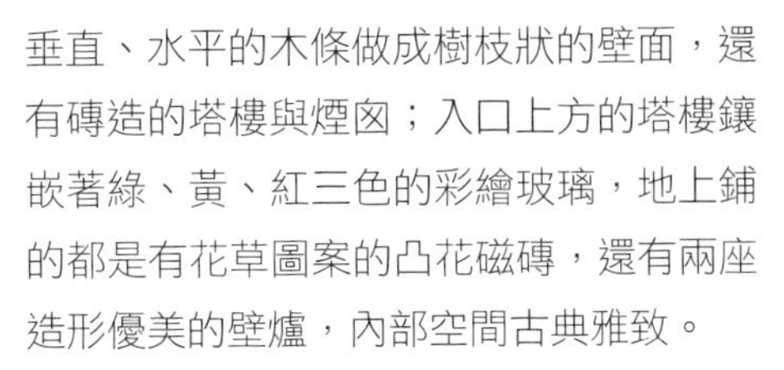

每期都會有不同主題的有趣展覽和活動，像是展出1950年代至1980年代台語片、古裝黃梅調及武俠片手繪電影海報的電影海報手稿展，或是於專業茶人的帶領下，在百年古蹟中學習品茶、挑茶的茶藝講座，欣賞典雅建築之餘，可以順道看展或到茶坊喝杯茶，享受充滿歷史和藝文氣息的時光。

台北市中山區中山北路三段181-1號

（02）2586-3677

古蹟10:00~17:30（週一公休）

1.充滿異國風情的都鐸式風格，讓台北故事館成為這一帶最美的風景。

2.洋樓是兩層式建築，一樓以磚造為主，二樓則是木造結構。

3.室內的壁爐運用磨石子、彩色瓷磚等元素，造型優雅古典。

4.不同主題的展覽，常常吸引許多民眾前來參觀。

看飛機，賞夜景·松山

翱翔空中想必是許多人的兒時夢想，連帶著對飛機也有著不一般的想像。而想在台北觀看飛機起降，最棒的地方當然是松山機場的觀景台。在這裡一飽眼福之後，不妨往慈祐宮的方向行進，到錫口碼頭看看彩虹橋夜景，再去饒河夜市大啖小吃！

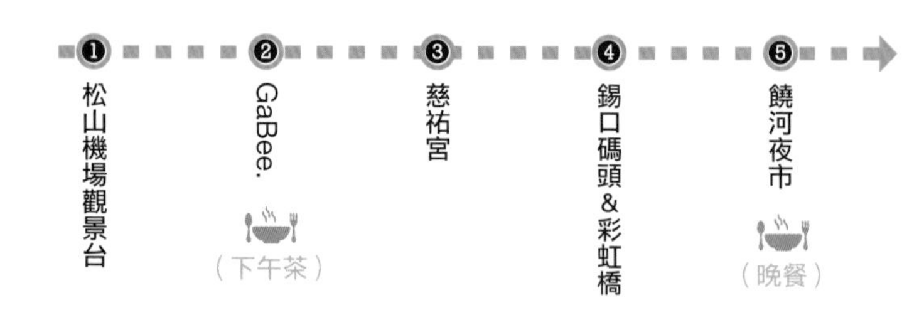

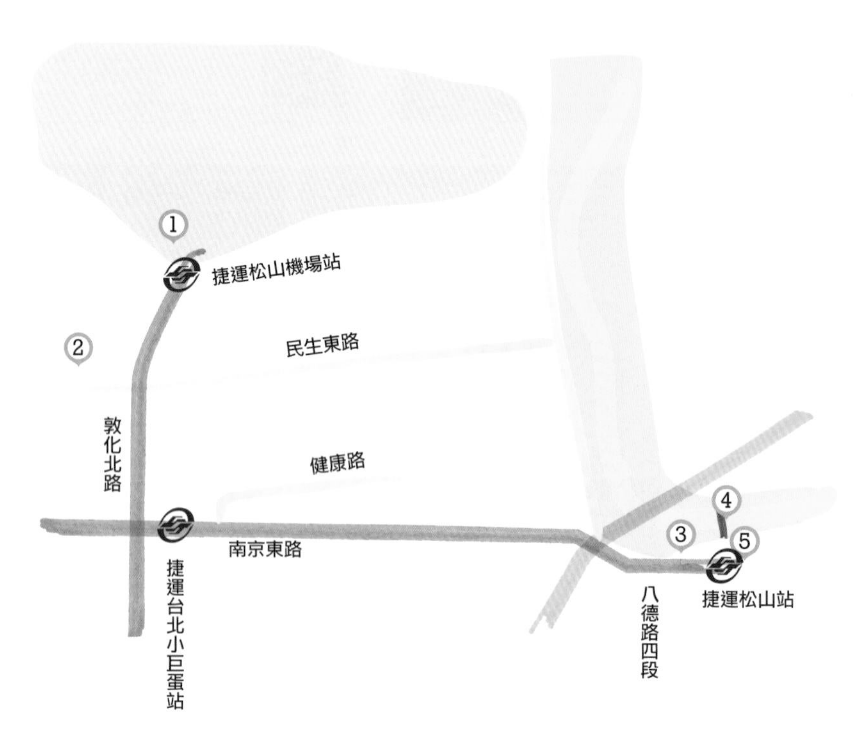

1 松山機場觀景台

讓兒時夢想，隨著飛機起航

台北市松山區敦化北路340之9號

（02）8770-3460

09:00~21:00

走進位在機場三樓的觀景台，首先映入眼簾的就是牆上可愛的航空彩繪，一旁的展示牆中，陳列著許多飛機模型，這些都是在戶外觀景台看得見的飛機喔！

戶外觀景台占地500多坪，共有2個建在空橋上的觀景台，可以近距離看到飛機停泊時，工作人員上下貨的情景，更能清楚看見飛機起飛和降落。180度的遼闊視野，除了能夠欣賞民航機、軍機的風采，天氣好的時候，圓山飯店、美麗華摩天輪、大佳河濱公園及基隆河美景更是一覽無遺。

1.觀景台上設有座位區，可以買杯咖啡欣賞飛機或是美麗夜景。

2.前往觀景台沿路的牆上，有著大片以航空為主題的可愛壁畫。

3.不管是大人小孩，都被飛機起降的過程吸引，看得目不轉睛。

2 GABEE.

咖啡冠軍的創意咖啡店

台北市松山區民生東路三段113巷21號

（02）2713-8772

09:00~22:00

取台語「咖啡」的諧音為店名，GABEE.隱身在民生東路的小巷子內，有著低調簡約的門面，以及簡潔明亮又舒適的空間。老闆是2004台灣第一屆咖啡大師比賽冠軍林東源，有獲獎無數的大師駐店，咖啡當然沒話說。喜歡創新口味的，可以嘗嘗加入清酒、水果冰沙、地瓜泥等的8款創意咖啡。若想品嘗單純咖啡風味，店裡也有清爽略帶酸味的北義咖啡豆，以及濃郁略帶苦味的南義咖啡豆，可以依照口味選豆。

1.牆邊擺滿GABEE.老闆參賽獲得的各種獎狀。

2.以白色為主，搭配木質地板和方桌，營造出明亮舒適的氣氛。

3.不論是經典義式咖啡或獲獎的創意咖啡，都是令人回味的好味道。

3 松山慈祐宮

喧鬧街區裡的悠悠古廟

松山慈祐宮祭祀媽祖娘娘，這座建立於清代的廟宇，長年來一直是松山地區的信仰中心；每年農曆三月媽祖娘娘繞境時，更是場面盛大、熱鬧非凡。

緊鄰熱鬧嘈雜的饒河夜市，走進慈祐宮卻完全感覺不到一絲喧鬧，只覺氣氛莊嚴寧靜，令人心情寧靜祥和。來這裡除了點炷清香向媽祖娘娘祈求平安外，寺廟建築也相當值得細細欣賞。

台北市松山區八德路四段761號

（02）2766-3012

05:30~22:30

1.平日也多有信徒前來參拜，在香爐前上香。

2.寺廟內的建築自有其細緻華美之處，不妨慢慢欣賞。

祈福機械鐘

日本的松山市為感謝慈祐宮在東日本大地震提供的賑災協助，並慶祝松山慈祐宮260週年，與松山慈祐宮共同製作了「松山－道後溫泉祈福機械鐘」，致贈給台北市，以表感謝之意。

4 錫口碼頭&彩虹橋

為愛情上鎖，不必遠去巴黎

台北市松山區松河街四號水門處

松山古名「錫口」，意思是河流彎曲之處，舊時這裡可是重要的水運要道。現在的錫口碼頭雖然沒有川流不息的商船往來，但有沿岸修建的寬敞自行車道、以「LOVE」為主題的裝置藝術，和造型優美、顏色鮮豔的彩虹橋，是相當受到歡迎的休閒好去處。

白天來可以眺望基隆河水岸，在紅色「LOVE」前拍照、吊掛情人鎖，或是沿著河濱腳踏車道，騎單車到成美河濱公園走走逛逛。夜幕低垂，燈光打在彩虹橋上，S型橋身和紅色拱型橋梁更展現出一種光影錯落之美。

優雅、鮮豔的彩虹橋，傍晚看來十分浪漫。

5 饒河夜市

好料美食盡皆在此

位在八德路四段及塔悠路間的饒河夜市，是台北市最早的觀光夜市。雖然規模不大，但攤位也相對集中，好吃好玩應有盡有。

饒河夜市入口處的醒目牌樓。

金林三兄弟藥燉排骨

用20多種中藥材和獨門配方，加入排骨與羊肉慢火熬煮數小時，排骨吃起來肉酥湯鮮，羊肉更是軟嫩無騷味，順口溫潤的甘甜湯頭讓人一口接一口。

台北市松山區饒河街173號前

17:00~24:00

香氣誘人的藥燉排骨。

口袋吐司

在炸得金黃香酥的吐司中放入龍蝦沙拉、黑糖波霸等餡料，有鹹有甜，是適合邊逛邊吃的小點心。

台北市松山區饒河街66號前路中

17:30~24:00

福州世祖胡椒餅

夜市入口的「福州世祖胡椒餅」是饒河街最著名的小吃，胡椒餅一咬開，蔥和胡椒的香味就撲鼻而來，餅皮金黃香酥又有嚼感，內餡多汁有彈性。

台北市松山區饒河街249號

16:00~24:00

靠近夜市入口處的胡椒餅，每天都大排長龍。

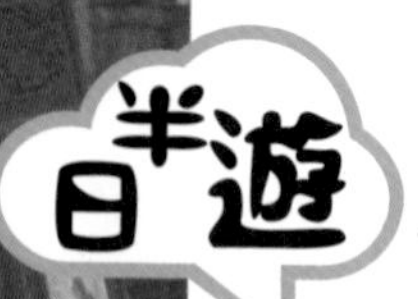

淘寶趣·福和觀光市場

逛膩了百貨公司嗎？那就來「什麼都有！什麼都賣」的福和觀光市場尋寶吧！從捷運永安市場站出發，可以先在四號公園周邊走走，享受一下安靜優閒的氣氛，接著就前往福和橋下，開始大肆淘寶吧！

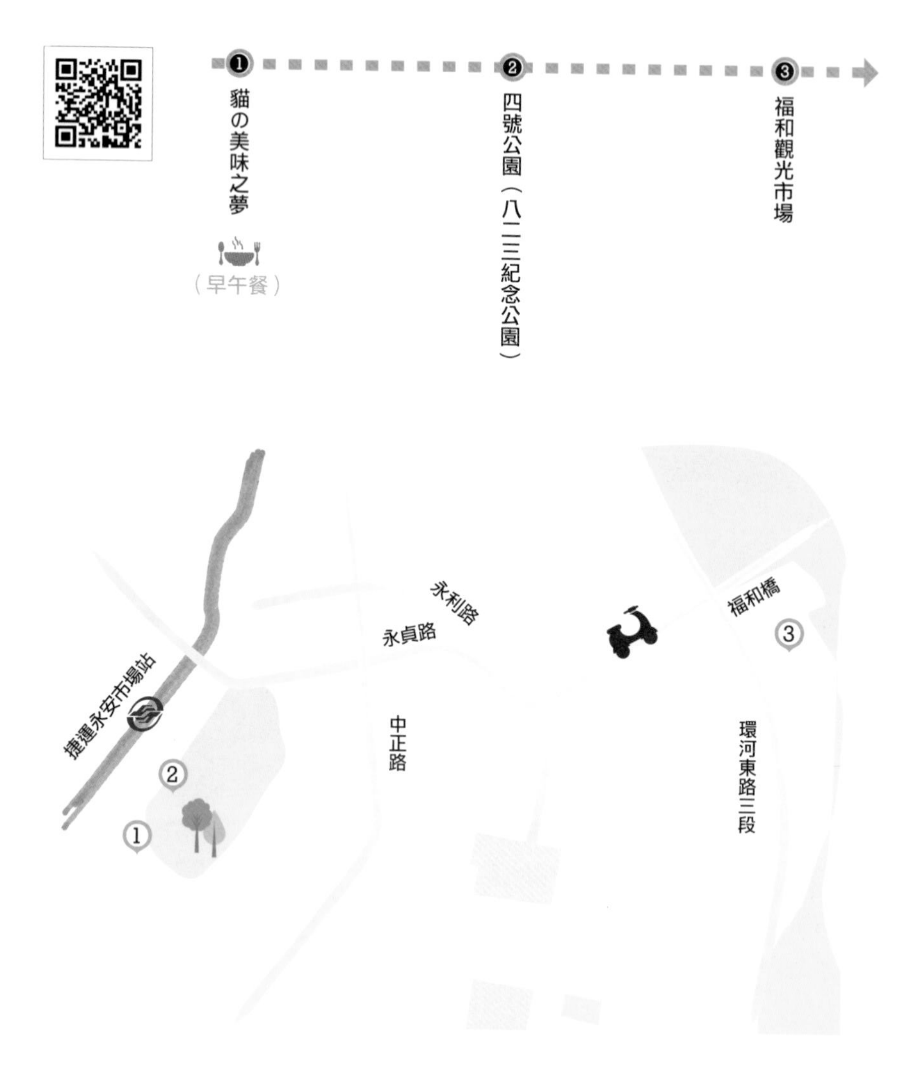

1 貓の美味之夢

舒適的親子用餐空間

貓の美味之夢外觀看起來簡單低調，室內則以白色優雅櫥櫃、木質桌椅、吊燈與水泥地板、牆面，融合南法鄉村與工業風的設計讓空間顯得相當簡潔俐落。因為老闆有小孩，不但特別打造可愛的親子遊戲室，連餐點也注重營養和健康。

新北市中和區中安街178巷2號

(02) 8921-2164

09:15~21:30
(每月第一個週一公休)

1.經典的「奶油野菇可蕾特」，大口咬下，麥香四溢。 2.專為小朋友準備的親子遊戲室。
3.結合南法鄉村與工業風的空間設計，簡潔俐落也不失優雅。

2 四號公園（八二三紀念公園）

坐擁綠意書香的優閒時光

捷運永安市場站附近的四號公園是雙和地區最大的公園，因園內有座八二三砲戰紀念碑，所以也被稱為「八二三紀念公園」。公園裡有小橋流水的景致，也有籃球場等運動場所，還有藏書豐富的台灣圖書館，圖書館周邊有光影交錯的靜思長廊、有人工溪流與假山的活水廣場、老樹林立的綠蔭步道，以及春天開滿高雅白花的流蘇樹，景色最是優美。

新北市中和區中安街85號（台灣圖書館）

（02）2926-6888

09:00~21:00（週一公休）

1.活水廣場景致優美。 2.園內還有八二三紀念碑與台灣圖書館，可在此緬懷歷史或徜徉書海。
3.公園內綠樹成蔭，形成一條美麗的綠色隧道。

1.豐富的商品類型與便宜價格，吸引民眾前來。

2.觀光市場裡不乏各種酷炫的二手商品。

3.一旁還有假日花市，除了品種豐富的植物外，也有各式園藝器材。

3 福和觀光市場

雙和人才知道的尋寶市集

福和橋下原有的市場、跳蚤市場經過規畫整併後成為觀光市場，另一邊是假日花市，再過去就是福和運動公園。觀光市場7點左右就開始，除生鮮蔬果外，還有賣熟食的小攤位。以販賣二手物品為主的跳蚤市場面積廣大，貨品千奇百怪，有心挖寶的話，不妨多花點時間慢慢看。

逛完跳蚤市場，可以去看假日花市，從原生種蘭花、沙漠玫瑰、瓶子草至園藝資材皆有販售；或是到運動公園，這裡還有一個小攀岩場和兒童遊樂區，全家大小都可以在這裡舒展筋骨活動一下。

新北市永和區福和橋下

週一至週五06:30~08:30，週六、日06:30~12:00

木柵・貓纜・動物園 

看到動物們的純真自然的模樣，總能喚起人們心底被遺忘許久的溫暖心情。一起到動物園走走，找回被忙碌生活偷走的溫柔。

1 台北市立動物園

全台最知名的動物園區，園內有許多大小朋友都喜愛的動物明星，快來欣賞他們的可愛模樣！

2 TDH PARK 貓茶町遊樂園

在動物園走得累了，不妨到附近的貓茶町遊樂園來個夢幻的午茶時光吧！這裡的特色甜點結合了在地特色，一定要吃吃看！

攝影：YS

3 貓空纜車

來到動物園，搭貓纜可說是不可錯過的重點行程，就乘著透明纜車直上貓空吧！

4 談天園茶坊

作為貓空元老級的景觀餐廳，談天園茶坊正是吃晚餐、賞夜景、品茶香的好所在。

兒童樂園憶童趣

雖然陪伴台北人渡過美好童年的兒童育樂中心於2014年熄燈，但兒童新樂園也隨之繼起，一起到士林區找回自己的童年吧！

House of Kuo

知名餅店郭元益推出的概念店，經營早午餐與下午茶為主。懷舊的空間設計、中式軋西式的餐點，令人充滿驚喜。

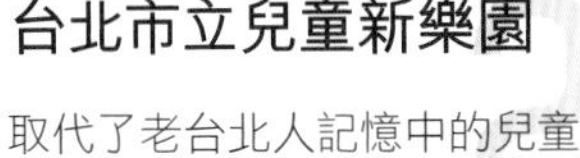

台北市立兒童新樂園

取代了老台北人記憶中的兒童育樂中心，新開放的兒童新樂園也將陪伴下一代台北人，製造最美麗的回憶。

士林夜市

作為台北最知名的夜市，好吃好逛自是不必多說，像是艋舺雞排、辛發亭冰品等，還有來自香港的13座牛雜湯，都值得一試。

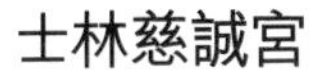

士林慈誠宮

來到夜市也別忘了到慈誠宮前走走，這裡不只是夜市最熱鬧的地方，晚間燈火也是一道風景。

北海岸燈塔觀浪

鬱悶的時候，遼闊的海景，總能讓沉悶的心情得到紓解，就前往石門北海岸吹風觀浪，放鬆一下吧。

1 石門風力發電廠

臨海的石門有充沛的風力資源，沿岸紅白相間的巨大風車，也是一道美麗風景。

攝影：呂增慧

2 石門洞

石門的地名由來，就是石門洞，到了這裡，才知道什麼是鬼斧神工。

3 石門劉家肉粽

石門不只以風景聞名，還有美味的「石門粽」！位在崁子腳的劉家肉粽，就有著傳承40年的好味道。

攝影：呂增慧

4 富貴角公園（步道）

來到位於台灣最北端的富貴角公園，沿著海岬欣賞海岸風光，還有美麗的富貴角燈塔。

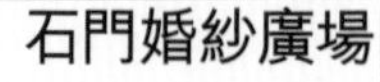

5 石門婚紗廣場

充滿地中海風情的熱門婚紗景點，來到這裡，彷彿置身希臘！

攝影：鄭婷尹

金山老街 × 野柳風情

野柳經過風蝕作用形成的地景，千奇百怪，充滿趣味。而且距離美食滿滿的金山老街只要半小時車程，還不趕快出發？

1 金山老街

金山老街上多的是人氣小吃，阿玉蕭茗、拔絲地瓜、雪豹冰城、益源坊手工粉圓……當真數不勝數。

2 金包里鴨肉店

老街上人氣最高的，當然還是金包里鴨肉店，鴨肉軟嫩又多汁，吃過就難以忘懷。

3 野柳地質公園

經過風蝕、海蝕的眾多奇特地景，讓人不禁讚嘆起大自然的神奇。

4 亞尼克菓子工房（萬里創始店）

網路爆紅的十勝生乳捲，它的創始店就在萬里國小附近，逛完野柳就來這裡吃個甜點吧！

攝影：YS

攝影：YS

好吃、好玩，還有好故事

體驗台北：觀光工廠

1 可愛造型公仔好好拍

宛如童話王國，以精心設計的Q版卡通人物，吸引大朋友、小朋友的到來。

INFO

幾分甜幸福城堡

地址：新北市五股區五工六路24號
電話：（02）2290-2222
門票：免費參觀
營業時間：10:30～18:00

維格餅家鳳梨酥夢工廠

地址：新北市五股區成泰路一段87號
電話：（02）2291-9122
門票：全票50元
營業時間：09:00～18:00（採預約制）

2 極富特色的伴手好禮

為了獲得市場青睞，用創意改良小點心，耗時研發獨一無二的美好滋味。

INFO

大黑松小倆口牛軋糖創意博物館

地址：新北市土城區自強街31之2號
電話：（02）22687222
門票：免費參觀
營業時間：09:00～17:30

手信坊創意和菓子文化形象館

地址：新北市土城區國際路55號
電話：（02）8262-0506
門票：免費參觀
營業時間：08:30～19:00

3

日用品也能玩出好創意

一樣樣富有人情味的溫馨小物不僅是品質保證，更是店家的專注與堅持。

INFO

茶山房肥皂文化體驗館

地址：新北市三峽區白雞路64之11號
電話：（02）2671-4400
門票：導覽+肥皂DIY每人190元
營業時間：09:00～17:00（採預約制）

吳福洋襪子故事館

地址：新北市林口區工二工業區工九路3號
電話：（02）2603-5008
門票：全票100元
營業時間：09:30～17:30（採預約制）

4

職人的魔法世界

讓精品不只是精品，而能落實於生活中，在這裡還能DIY做出自己的作品！

INFO

琉傳天下藝術館

地址：新北市淡水區口湖子1-7號
電話：（02）2625-6972
門票：全票250元，假日150元
營業時間：平日10:00～17:00，假日10:00～18:00（週一公休）

光淙金工藝術館

地址：新北市林口區粉寮路一段104號
電話：（02）8601-4430
門票：全票200元
營業時間：09:00～17:00（採預約制，週一公休，最後入館時間16:00）

5

設計感十足的展示空間

設有明亮的展覽空間，以清楚動線、分區訴說產業相關知識與技術展現。

INFO

宏州磁磚觀光工廠

地址：新北市鶯歌區中正三路230巷16號
電話：（02）8678-2788
門票：全票100元
營業時間：09:30～17:00（週一公休）

王鼎時間科藝體驗館

地址：新北市土城區大暖路136號
電話：（02）22682999#12
門票：全票100元
營業時間：09:00～17:00（採預約制）

CHAPTER 4

踏青休閒的暢快

身在台北的水泥叢林，有時不免嚮往起郊外的藍天綠地。其實大台北地區近年來積極拓展綠地與公共休閒空間，不必遠赴深山老林，市區裡也有讓人身心舒暢的開闊風景。想要享受運動踏青的樂趣嗎？走！現在就出發！

大溝溪生態園區

內湖區的「湖」本指山坳、盆地，但這裡的確有兩座漂亮的湖泊——碧湖與大湖，它們本來都是農業灌溉用的蓄水池塘，經過都市規畫，如今已成為城市中的美麗風景。挑個好天氣從捷運文德站出發，給自己一個盡享湖光山色的都市假期吧！

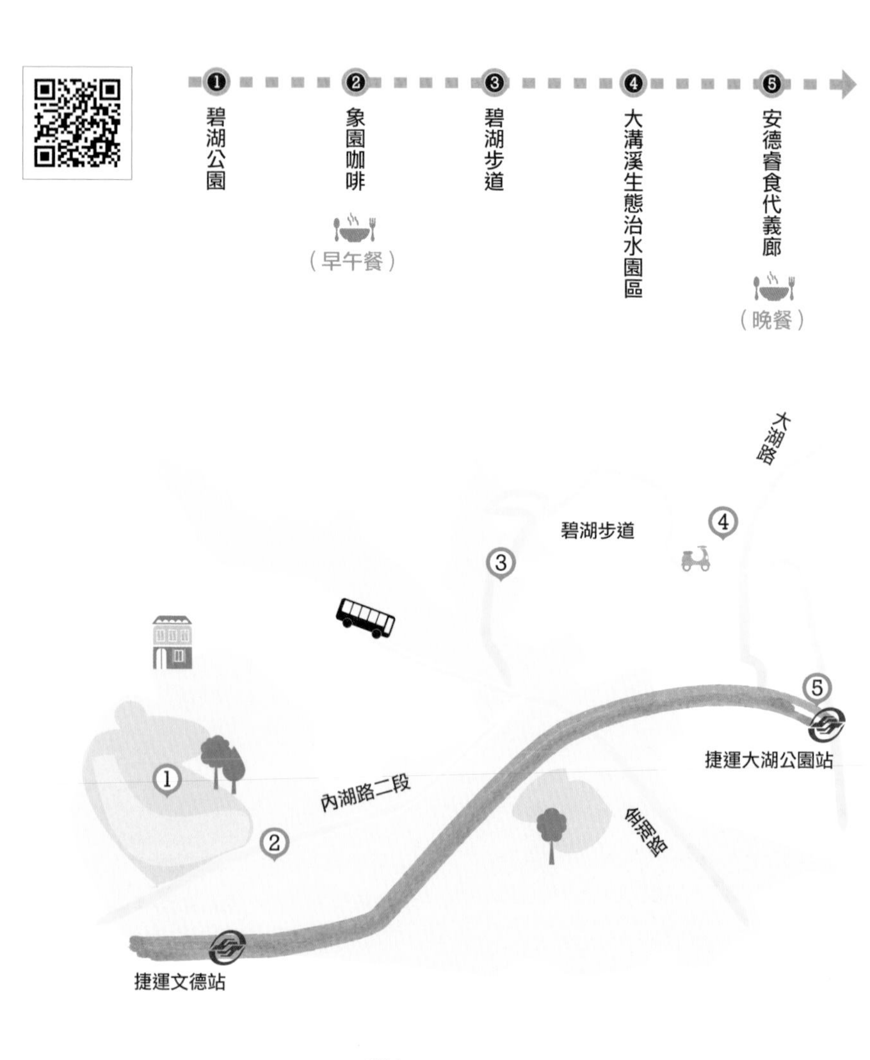

1 碧湖公園

享受美好湖光山色

台北市內湖區內湖路二段175號

(02) 2585-1430
(圓山公園管理所)

面積廣大的碧湖公園依山傍水，後面有綠蔭繁盛的山丘，前方有波光瀲灩的湖水，是台北市唯二擁有大湖泊的水景公園。公園中花木扶疏，綠意盎然，但最吸引人的，當然是碧湖風光。沿著環湖步道走一圈，可以欣賞到湖邊「碧湖小白宮」的美麗身影；或是漫步到有著濃濃中國味的九曲橋，在觀景亭上稍作休息。

可別走完環湖步道就離開，這裡還有6條修建完備的親山步道，坡度不大、難度不高，步道內樹林茂密，走起來相當舒適。不同於環湖步道的熱鬧嘈雜，走進親山步道好像進入另外一個幽靜的空間。

1.充滿濃濃中國風的九曲橋。

2.沿著環湖步道散散心，欣賞四周的湖光山色吧！

3.看著碧湖水波盪漾，心情也跟著放鬆了下來。

1

2 象園咖啡

被可愛大象圍繞的親子餐廳

台北市內湖區內湖路二段192號

（02）2792-6080

11:00~21:00

碧湖公園占地廣大，前往運動賞景前，先來填飽肚子、蓄積體力。公園邊的「象園咖啡」是因店面後方有山壁長得很像大象鼻子而得名，店門口有個寬敞的兒童遊戲區，還有相當引人注目的店內吉祥物，分別代表愛情、健康、智慧、財富的4隻顏色鮮豔的大象；店內則以綠色搭配原木系桌椅，牆上以粉筆塗鴉做裝飾，空間寬敞舒適。

2

這裡的早午餐料多量足，愛吃肉的人可以來份「西班牙鬥牛士」，一碗厚實且嚼勁的骰子牛肉，沒有過多調味，吃得出牛肉鮮甜，搭配麵包、沙拉，讓人胃口大開。「挪威海鮭大冒險」則是在炒得香嫩的起司炒蛋上鋪了滿滿的燻鮭魚，搭配沙拉、炒野菇和可頌，清爽又健康；而烹調嫩蛋和野菇時油加得很少，所以冷了吃也不會膩口。

1.象園咖啡的招牌吉祥物——顏色鮮豔的大象。

2.橄欖綠的牆面搭配原木家具，營造出輕鬆自在的舒適氣息。

3.寬敞的戶外遊戲區是小朋友的最愛。

4.鮮嫩牛肉加沙拉，吃得好又吃得飽。

3

4

3 碧湖步道

雖在都市，卻彷彿置身山中

台北市內湖區內湖路三段60巷12弄與大湖街131巷間

碧湖步道可不是碧湖公園的步道，這是一條隱身在社區住宅間，具有豐富生態的美麗步道。早期煤礦業興盛，這裡還是「新福本坑」的所在地，所以步道口做了一座寫實的礦坑意象，有仿古的礦坑、鐵軌以及煤車，讓大家了解舊產業的過去。

步道地勢平順，運用木棧、碎石、花崗岩塊石、紅磚做成多重步道體驗，蕨類、樟樹、香楠等植物隨處可見，更有鳥雀、蝴蝶在樹叢間飛舞、松鼠在樹梢間跳躍，幸運的話還可以看見台灣藍鵲、大冠鷲，就算一個人走也不會覺得寂寞。如果意猶未盡，不想這麼早和山林花鳥說再見，可以繼續往圓覺寺前進，享受芬多精的同時感受寺廟的莊嚴，還能從圓覺寺旁的瀑布步道，欣賞涓流而下的瀑布美景。

1

4 大溝溪生態治水園區

野餐玩耍的好去處

台北市內湖區大湖山莊大湖街131巷底

這是一個既能野餐戲水，又能享受登山樂趣的好地方。沿著步道往內走，沒多久就能看見如梯田般的綠色坡地，冬季時會有紅、黃、粉、橘各色鮮花鋪成的花海地毯，美麗的景象讓人看得開心不已，快門按個不停。

生態復育有成的大溝溪，有20種以上的青蛙和10多種的魚、蝶類在這裡生活，沿著溪邊的親水步道前行，可以看見

2

小魚擺尾，青蛙和烏龜在石頭上面曬太陽。走了一小段路，就能看到一大片廣闊綠地，常有人鋪著野餐墊在這野餐，或是帶著寵物遊戲、奔跑；草地邊就是親水區，天氣炎熱的時候可以在這裡玩水。

1.綠油油的坡地到了冬天會變成五彩花海。
2.公園中隨處可見蜻蜓、蝴蝶飛舞的身影。
3.涼爽的親水區是夏天最受小朋友喜愛的地方。

5 安德睿食代義廊

台灣女婿的圓夢廚房

台北市內湖區成功路五段8號1樓
(02) 8792-8664
週一至週四12:00~22:00，週五、六12:00~24:00，週日12:00~23:00

大湖公園附近的安德睿食代義廊，老闆兼主廚安德睿，來自茱麗葉的故鄉——義大利的維洛納，16歲起就在父親經營的餐館幫忙，更四處拜師學藝，各類義式餐點樣樣精通。2013年與台灣女孩結婚後，隔年即來台定居，並透過網路銷售的方式經營餐飲事業，專賣義式甜點與麵包，讓顧客讚不絕口。

2016年中，安德睿終於有了自己的實體店面，開始經營義大利餐廳，主打現烤現做的披薩與義大利麵，希望能結合在地食材與經典的義大利料理方式，帶給每一位到訪的客人最純樸自然的幸福滋味。

Sport × Life・天母

作為台北市知名的高級住宅區，天母這裡的生活機能自是不一般，百貨與休閒場所林立。來到這裡，如果不想去人擠人的百貨公司，就一路從芝山岩、天母運動公園到天母市集，享受不一樣的Sport & Life吧！

1 芝山岩文化史蹟公園

被歷史滋養的城中山丘

台北市士林區

芝山岩這個約52公尺高的小丘陵地，有著豐富的自然和人文景觀；因地質脆弱加上有珍貴貝類化石，所有步道都是用木板架高的棧道。因日治時期這裡設置芝山神社，禁止伐木，故留存很多老樹，其中還有一棵全北市最老的300歲樟木。

歷史是芝山岩最豐富的寶藏，山上的惠濟宮有260多年歷史，祭祀的開漳聖王是漳州人信仰，清代漳州人和泉州人械鬥時，就是以這裡為據點。日治時期則發生6名日本教師被義軍殺害的「六氏先生事件」，當時日本首相伊藤博文親書「學務官僚遭難之碑」描述事件始末，後來就在此設立神宮，現在公園入口的長階梯，就是當時通往神宮正殿的百二崁石階。

1.芝山岩周邊一帶有珍貴歷史人文景觀。

2.芝山岩公園裡知名的假羊塑像，是不是栩栩如生呢？

3.山上的惠濟宮祭祀開漳聖王，許多信徒來此參拜。

1

2 我思•私宅甜點

新鮮蛋糕佐香韻台灣茶

台北市士林區忠誠路二段130巷33-1號

(02) 2877- 2311

12:00~21:00

天母棒球場對面巷弄中，裝潢低調招牌很小的「我思・私宅甜點」不注意就很容易走過頭。走進店裡就能聞到濃厚的奶油香氣，烘焙室就在櫃台後，內用空間有限，只有2、3張小桌子。冰櫃中的甜點外型樸實，價格不高，喜歡甜食的人可以一次多點幾份嘗嘗。

甜點皆使用新鮮水果及天然素材製作，老闆特別推薦的「檸檬塔」，選用屏東檸檬，在鵝黃色餡撒上翠綠的檸檬皮點

2

1.老闆最推薦的檸檬塔，塔皮酥香、內餡清爽酸甜，非常好吃！

2.烘焙室就在櫃台後方，每天下午店內都聞得到讓人流口水的香氣。

3.店內位置不多，想坐著享受甜點得要碰運氣。

綴，塔皮厚實酥香，內餡清爽酸甜、入口即化。「莓果生乳酪」也不錯，加入奶油的手塔皮口感酥脆，帶有濃郁奶香的乳酪加入酸甜的莓果，不僅白底藍點的外型可愛，果香也讓奶味清爽不膩口。

同場加映

天母運動公園

我思．私宅附近的天母運動公園，中央廣場上有彩燈噴泉，時間一到就有精采的水舞表演；天氣熱時也是玩水的好地方。這裡運用設施完善，也有小朋友喜歡的遊樂設施。如果覺得走訪芝山岩依然精力旺盛，不妨到這裡運動一下吧！

3 天母市集

創意物件與二手商品，等你來尋寶

台北市士林區天母西路中山北路七段與天母西路交叉路口

週五至週日16:00~22:00

每到週末，中山北路和天母東、西路交叉口的廣場總是熱鬧滾滾，因為天母商圈發展協會舉辦的天母市集每週末在這裡準時登場。市集分為創意和二手兩類別，創意市集可以看到如零食、飾品、包包等有趣的商品。

二手市集是將家中不需要的東西拿出來交流，所以價錢訂得很低，其中最多的服飾類，50、100元的標價都很常見；可別以為便宜沒好貨，不少正妹來這邊擺攤，衣服鞋子看起來都很不錯，8、9成新的童裝也滿常見。其他像是漫畫、唱片、玩具、舊家具這裡都有，慢慢逛、慢慢挑，說不定能挖到好東西。如果看到喜歡的可別猶豫，因為來這裡擺攤的人每次都不同，不買就沒有下次機會囉！

1.二手市集物美價廉還能殺價，仔細逛逛能有意想不到的收穫。 2.創意市集中不少可愛有趣的作品，有時還能請老闆客製專屬商品。 3.用拉鍊、鈕扣、釘子、木塊等小零件製成的機器人吊飾。

4 門片咖啡

彷彿回家般吃好又吃飽

台北市士林區天玉街38巷7號
（02）2876- 0088
09:30~21:30（週三公休）

想要讓客人像回家吃飯一樣，不用拘謹放鬆地享受美食，曾待在荷蘭多年的老闆，運用獨特的美感和蒐藏，打造了舒適又有特色的「門片咖啡」。這裡的餐點都是愛吃的老闆自學而成，沒有精緻的擺盤，但是用料講究、分量大，務必讓每位客人都能吃好又吃飽。推薦老闆學會的第一道料理「西班牙海鮮燉飯」，使用每天從市場採購的新鮮海鮮，加入成本高的番紅花增添特殊香氣，配上軟硬適中的米飯，料豐味美，雖然分量大也能吃光光。

下午茶時間嘴饞想吃點甜的，建議點份「波飛球」，這種圓圓的點心上面放了一塊奶油、撒了一些糖粉，烤得熱熱的帶有肉桂香，外層微酥內裡濕潤扎實又軟Q，沾點楓糖或冰淇淋味道更棒。

1.多種不同材質的霧面玻璃組成大片落地窗，既有特色也為室內引進柔和自然光。 2.「西班牙海鮮燉飯」食材新鮮分量大，吃得到老闆的用心。 3.下午茶時間最好的選擇，當然是熱呼呼、外酥內軟Q的「波飛球」啦！

賞蝶擺渡・新店碧潭

風光明媚的碧潭風景區，不僅是情侶約會勝地，也適合全家同遊，玩累了還可以到小吃林立的新店老街覓食。如果光欣賞湖光山色還不過癮，不妨跨越碧潭吊橋，走進和美山登山步道，與大自然來場近距離接觸，再從新店溪南岸渡口乘船擺渡回到碧潭。

❶ 瑠公紀念公園 → ❷ 碧潭風景區 → ❸ 碧潭吊橋 → ❹ 和美山登山步道 → ❺ 新店渡（文學步道）

1 瑠公紀念公園

體會飲水思源之意

新北市新店區北新路一段45巷

距離捷運新店站不遠、隱身巷弄林蔭間的瑠公紀念公園，雖然名不見經傳，卻是距離瑠公圳源頭最近的重要史蹟。公園裡有瑠公史蹟紀念碑，記錄了瑠公圳的開鑿歷史，敘述郭錫瑠在清乾隆年間，克服重重困難，開圳灌溉松山一帶的故事。園中還有瑠公圳引水處原址、飲水思源碑，讓大家休憩漫步之餘，也能體會飲水思源的深遠含義。

1.瑠公圳引水原址，讓人遙想當年開圳的艱辛。
2.瑠公圳抽水廠目前也已停用，僅留作紀念。

2 碧潭風景區

湖光山色，動靜皆宜

碧潭是個動靜皆宜的好去處，可以踩天鵝船欣賞湖光山色，也可騎自行車沿著河岸一路向北馳騁，甚至遠騎到八里欣賞沿途新店溪和淡水河風光。若不想動得滿身汗，河岸邊有許多像是有著天使翅膀的小女孩、拉提琴的小男生等有趣的裝置藝術，牆上和地面也有可愛的壁畫，喜歡拍照的人可別錯過。玩累了可以在河畔餐廳邊享用美食，邊欣賞碧潭風景，尤其夜幕低垂之際，光影變化讓碧潭更加迷人。

新店老街

風景區內有自己的河岸美食廣場，但這裡的餐廳消費都不便宜。如果想吃俗擱大碗的傳統美食，還得到俗稱「新店老街」的光明街上才是，像是知名的光明街油飯、勇伯米粉湯、碧潭橋頭鵝肉專賣店等，都是不可錯過的好味道！

新北市新店區

1.許多人會騎YouBike沿著新店溪自行車道來這裡遊玩。

2.浪漫的湖光山色，讓這裡成為情侶約會的好去處。

3 碧潭吊橋

夜間變幻七彩光雕

碧潭吊橋不但是連通河岸左右的通道，也是欣賞碧潭風光的最佳地點，居高臨下能看到小舟和天鵝船在湖水中擺盪，還能和刻有碧潭兩字的小赤壁一同合影。隨著北二高完工，碧潭上除了吊橋、水泥橋外又多了2道弧形的鋼筋水泥拱橋，夜晚還有會變換顏色的七彩光雕，這3座各有特色的橋，也成為碧潭的獨特景觀。

新北市新店區新店路207號附近

1.夜間點燈之後，走在橋上彷彿有繁星作伴。 2.橫跨新店溪的北二高架橋，橋墩設計獨樹一格。 3.碧潭吊橋主要供行人通行。

4 和美山登山步道

觀蝶賞鳥好去處

新北市新店區碧潭西岸

和美山位於碧潭西岸，步道入口位在碧潭西岸吊橋邊，走至迎賓平台後，分為親山、親水兩條路線，由綠色親山步道可登上山頂視野遼闊處欣賞秀麗風景，走緊鄰新店溪的藍色水岸步道可欣賞碧潭、新店溪的風景，最後可搭船回到碧潭東岸。

山上生態植物種類豐富，沿途綠意盎然，蟲鳴鳥叫不絕於耳，更不時可見蝴蝶翩翩飛舞的身影。原來這裡是熱門賞蝶、賞鳥景點，除了可以欣賞到端紫斑蝶、黃三線蝶、烏鴉鳳蝶外，還能遇見藍鵲、紅嘴黑鵯、五色鳥等鳥類。

季節限定

白日賞花夜賞螢

除了觀蝶賞鳥之外，和美山還有兩大亮點：桐花與螢火蟲。每年4月中到5月底期間，正是油桐花盛開、螢火蟲出沒的季節。如果來得早，可以欣賞遍地油桐花；晚上夜遊更能一探神祕又美麗的螢火蟲！

1.過了迎賓平台之後，步道分為親山、親水兩條路線。

2.步道沿途綠意盎然，是假日休閒好去處。

5 新店渡

乘船擺渡，遊河兩岸

早年碧潭還未興建吊橋時，居民往來都需要依靠渡船，當時新店溪邊有不少渡口，河面上滿是撐著竹篙穿梭的小舟。隨著吊橋的興建和公路的完備，現在只剩有130多年歷史的新店渡口還在運作；按下渡口邊的按鈕通知船家來載客，坐上小船慢悠悠的橫渡新店溪，就近欣賞藍天與碧波相應的美景，真是優閒愜意。

乘坐在全國唯一的人力擺渡船上，欣賞碧水虹橋的雅致後，還能在河岸邊的文學步道，感受新店的文學及詩意。文學步道是一條充滿文學氣息的小巧步道，雖僅短短百公尺，坡道邊卻刻了柏楊、席慕蓉、陳幸蕙、吳念真等生活在新店的18位知名作家的珍貴手稿，喜歡的話還可以用紙筆拓印下回家作紀念。

新北市新店區灣潭路渡船頭（南岸乘船地點）

12~65歲成人單程20元，6歲以上兒童及65歲以上長者單程10元，未滿6歲兒童免費。

06:00~20:00

1.北岸的渡口招牌石碑。

2.來這可乘著全台唯一的人力擺渡船，遊覽河岸景色。

1

2

生態&人文·關渡

位於淡水河與基隆河交界處的關渡，有著都市裡看不到的豐富溼地生態與優美的自然景觀，而「地靈」自然帶來「人傑」，不論是香火鼎盛、北部最早的媽祖廟——關渡宮，還是台灣當代藝術的重要基地——北藝大，都坐落於此，並持續發光發熱。

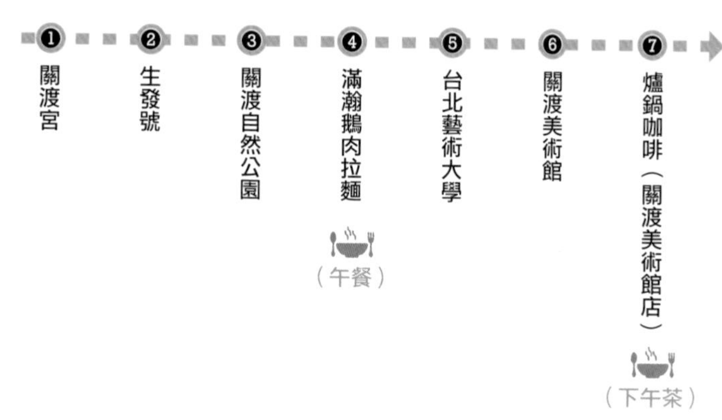

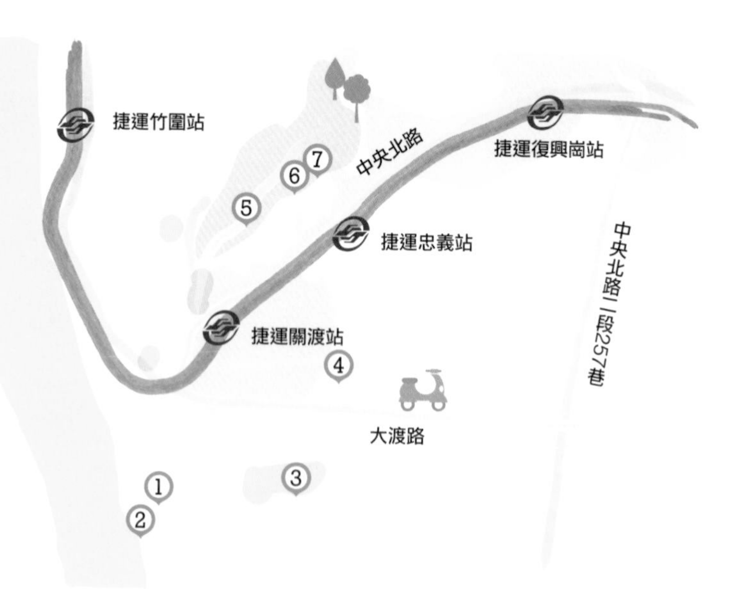

1 關渡宮

擁有圖書館的媽祖廟

台北市北投區知行路360號
（02）2858-1281
06:00~21:00

關渡宮是台灣北部最早的媽祖廟，可以追朔到清順治年間，由開山石興和尚自福建奉請來台，當時名稱為「天妃廟」，歷經多次整修與搬遷，至今已有340年以上的歷史，與鹿港「天后宮」、北港「朝天宮」並稱為台灣三大媽祖廟，來自各地參拜的人潮絡繹不絕。

關渡宮內有豐富的雕塑與彩繪，且占地面積廣大、建築群豐富，除聖母殿、觀音殿、文昌殿外，還有古佛洞，廣渡寺、鼓樓、鐘樓等，甚至擁有自己的圖書館！

關渡宮最熱鬧的時節有三，分別是角頭輪祀（每年農曆3月23日）、元宵節、中元節，尤其元宵節時，都有電動花燈展出，充滿年節氣息。

關渡宮前的中港河，停泊了不少舢舨。（攝影：李冠威）

2 生發號

關渡鴨蛋傳奇

台北市北投區知行路360之1號
（02）2858-2805
08:00~20:00

由於關渡早期有許多養鴨戶，加上這裡的溼地環境，提供鴨群優良的天然食物，所以產出鴨蛋的品質特別好，這也促成了生發號的崛起。創立於1969年的生發號，多年來專精蛋類加工產品，鐵蛋、鹹蛋、皮蛋、三味蛋等都有販售，尤其鹹鴨蛋，鹹香滑潤，最是知名。現場也有賣現煮的鐵蛋、茶葉蛋，經過時別忘了買個嘗嘗味道。

3 關渡自然公園

台北市最後一塊溼地淨土

關渡位處淡水河及基隆河的交會口，這裡的溼地環境，特別適合魚、蝦、蟹類生物生長，為鳥類提供了豐富的食物，是台灣重要的候鳥棲息地。然而隨著時代的發展，關渡溼地也遭到極大的破壞。在保育人士多年的努力下，最終將台北市內最

後一塊溼地保留下來，成立了關渡自然公園，並委託野鳥學會經營管理。

園區內劃分為三類開放參觀區域、管制開放區域與未開放區域，遊客僅能在開放區域參觀，以避免破壞原生環境。但也別失望，你仍然可以在自然中心透過高倍率望遠鏡，觀察園區景致。而開放區域內也有戶外觀察區，草坪、枕木步道、賞鳥小屋等豐富設施，可以近距離觀察在泥灘地活動的鳥類；走在堤防上，也能觀察到紅樹林生態與招潮蟹、彈塗魚等生物，呈現出完整溼地生態的縮影。

1.部分區域未開放進入，但可透過望遠鏡觀察自然生態。

2.入口處有大型水鳥雕像。

3.這裡是北台灣知名的賞鳥景點。

台北市北投區關渡路55號

(02) 2858-7417

60元

平日09:00~17:00，假日09:00~18:00（冬令假日提早半小時閉館；週一公休）

4 滿瀚鵝肉拉麵

湯鮮味美的台式拉麵

立功街上的滿瀚拉麵，是北藝大附近廣受好評的平價美食。以之為店名的鵝肉拉麵，麵條Q彈，口感極佳。這裡的另一大招牌是炒飯類料理，分量足夠且米飯炒得粒粒分明，可見老闆手藝實在了得！這裡的小菜物美價廉，尤其溫泉蛋，搭配炒飯吃更是一絕。店內還有北藝大學生幫忙繪製的牆壁塗鴉，可愛逗趣。

台北市北投區立功街80巷1號

(02) 2891-1417

11:30~14:00，17:00~21:00（週日公休）

5 台北藝術大學

最好玩的大學校園

台北藝術大學的前身是國立藝術學院，成立於1982年，直到世紀初才正式升等，專注藝術創作的方針，與關渡自然優美的生態環境，為校園帶來了獨特的發展特色。

校內設有不少餐廳與咖啡座，像是藝大書店、寶萊納餐廳、達文士餐廳等，可遠眺關渡平原，天氣晴朗時甚至可以看到台北101大樓；也有高規格的展演藝術中心，常舉辦各類精彩的藝文表演活動；甚至還有校園電影院，讓人不禁想要來到這裡重新過一遍大學生活。

台北市北投區學園路1號

(02) 2896-1000

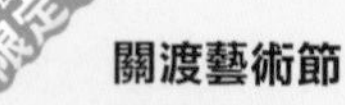

季節限定

關渡藝術節

每年10月，北藝大都會在校園舉辦大型藝術活動，集合戲劇、舞蹈、音樂、電影等各類展演形式。有幸碰上時不妨來看看學生們的創意成果吧！

1.草原上有許多裝置藝術。

2.校園裡有大片的廣闊草原。

3.假日會有許多民眾來此運動、遊憩。

6 關渡美術館

精彩的當代藝術大觀

台北市北投區學園路1號

(02) 2896-1000 # 2432

10:00~17:00(週一公休)

關渡美術館是台灣第一所位於大學校園內的美術館,依山而建,俯瞰關渡平原。館內有多個展覽廳,空間寬敞舒適,光是建築本身就可說是當代藝術作品。館內收藏多是現代藝術,也有當代藝術家的水墨與書法作品,不定期舉辦各類當代藝術特展,是寓教於樂的好所在。

館內不定期有各類當代藝術特展。

7 爐鍋咖啡(關渡美術館店)

美術館裡的高質感咖啡

台北市北投區學園路1號2樓

(02) 2891-2990

11:00~19:00(週一公休)

爐鍋咖啡是關渡知名的精品咖啡館,總店在大度路三段,開業多年來陸續拓展,2013年進駐了關渡美術館的二樓藝術空間,清水泥的地板,搭配原木裝潢與藝術品,相當有質感。

這裡不只有精緻的手沖咖啡與自家烘焙的咖啡豆,還有遼闊的露台景觀,一天走下來,到這裡歇腳,品嘗咖啡,坐等落日,欣賞夜景,也是不錯的選擇。

生態步道・新莊－泰山

北捷的每一個車站，都有自己獨一無二的紀念章，結合當地特色與車站意象，收集起來十分有趣。中和新蘆線上的丹鳳站，就以鳳凰與當地的青年公園（牡丹心生態公園）為主題，表現出當地生態保育優良的特色，不妨挑個好天氣的週末來這裡走走吧！

1 新莊青年公園

新北市新莊區中山路三段500巷內

春賞杜鵑夏賞蝶，秋冬芒花白綿綿

別名「牡丹心生態公園」的新莊青年公園，保存了良好的山林原始樣貌，還設有綠色隧道、主題園區、香花園、蝴蝶平台，還能看到十八份坑溪的溪流生態。林蔭步道入口在大雀榕的旁邊，沿途樹木扶疏，綠意盎然，這裡一年四季都有不同美景，春天可以賞櫻、賞杜鵑，夏天可以賞蝶，秋冬之際還可以賞芒花，非常適合親子同遊享受戶外踏青的樂趣。

1.從瞭望台上可欣賞台北美景。

2.步道內樹木扶疏，是運動健走的好所在。

3.步道入口處的大雀榕。

2 V+ing進行式

健康原味的文青風早午餐

新北市新莊區中正路516-42號

（02）2902-0915

週一至週五12:00~21:00，
週六、日10:00~19:00

輔大附近的V+ing進行式門面相當低調，但小小的招牌配上木窗、木門卻相當耐看有味道，室內沒有過多的裝潢，但燈光、桌椅陳設卻讓人感到舒服自在。為了提倡友善環境、廢物利用、支持小農等想法，所以不提供免洗餐具，要打包或外帶必須自行準備容器，食材也盡可能使用小農作物。

1.乾燥植物裝飾，表現出追求自然原味的質感。

2.文青風格的店內裝飾，吸引了許多年輕客群。

3.店內壁畫與擺設也都充滿趣味。

3 泰山明志書院 & 義學坑自然公園

親山樂活好所在

明志書院位在明志科技大學附近，是北台灣第一所民間書院，也被稱為「北台首學」，雖然現在經過整修，已經不是原來的清代磚砌建築，但外型樸素簡潔，仍有古意。書院後面的廣闊山坡就是義學坑自然生態公園，從旁邊的254巷石板步道進入，步道坡度不高路徑平緩，綠樹成蔭、蝶舞翩翩、鳥鳴相隨，義學坑自然公園也是北部重要賞蝶的區域，不少團體每年夏季都在這裡定期舉辦賞蝶活動。

明志書院：新北市泰山區明志路二段276號

步道入口：新北市泰山區明志路二段254巷

09:00~17:00（書院每月第一個週一公休）

1.明志書院內供奉著南宋大儒朱熹的牌位，可在此祈求智慧筆喔！

2.這裡可是北台灣最早的書院，堪稱「北台首學」。

老廟古厝×河岸兜風

行天宮是全台灣香火最旺的關帝廟，香客雖多，氣氛卻莊嚴肅穆，早晨可以先來這裡走走、靜靜心，再沿著松江路往北走，參觀精緻的清代豪宅林安泰古厝，最後到大佳河濱公園來個愜意的野餐！

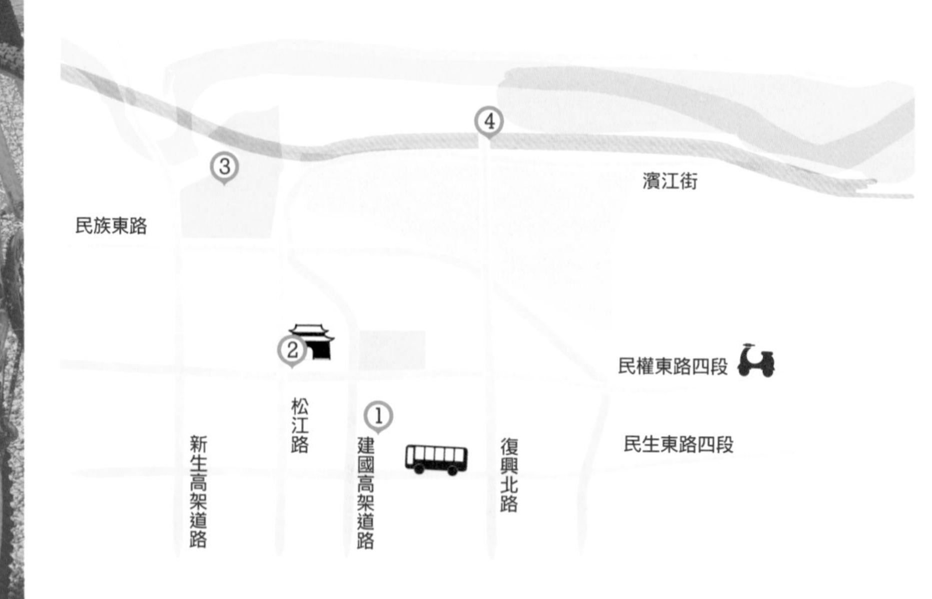

1 捲餅咬鹿

軟Q餅皮＋牽絲起司，讓人欲罷不能

台北市中山區錦州街315號

（02）2509-1581

週二至週五07:30~16:00，週六、日07:30~14:00（週一公休）

捲餅咬的鹿，指的是在餅皮中加入的初「鹿」鮮奶；添加鮮乳擀成的鮮乳餅皮，夾上新鮮食材做成捲餅，份量比一般蛋餅大1倍。最受歡迎的超人氣起司鮮乳捲餅，外層酥脆，裡面「軟Q」有嚼勁，還有會牽絲的香滑起司內餡，吃起來真「涮嘴」；使用百年老店「林華泰茶行」的茶葉，與初鹿鮮奶製成的牧場鮮奶茶，喝起來濃郁順口不死甜，是最佳組合。

捲餅配奶茶，簡單又滿足。

---

2 行天宮

香火最旺最靈驗的關帝廟

台北市中山區民權東路二段109號

（02）2502-7924

04:00~22:00

行天宮也被稱為恩主公廟，恩主有救世之意，祭祀關雲長、呂洞賓、岳飛等5位神明。大門沒有門神，只用108顆門釘代表108位神靈，門口也沒有寺廟常見的石獅，而是一對麒麟。雖然每日都有絡繹不絕的香客，但走進行天宮卻不覺雜亂，莊嚴肅穆的氣氛讓人感覺心神寧靜。

1.來此祈福的虔誠信眾，絡繹不絕。

2.為信眾服務的效勞生阿嬤，都是經過關聖帝君同意才挑選出來的。

3.昂揚天際的屋脊曲線，自有空靈俊秀的氣韻。

3 林安泰古厝

台北最精緻的清代豪宅

林安泰古厝雖然外觀古樸，但參觀過就會知道，它格局嚴謹，選料及作工都非常精緻。古厝的建築材料採用福州杉和觀音石，正屋有前低後高的燕尾式尾脊，不僅有步步高升的含意，也能日曬通風、冬暖夏涼，屋頂與梁柱間的斗拱則具有防震功能。從細膩的建築佈局規畫，到雕梁畫棟的精美雕刻，林安泰古厝真不愧是台北最精緻的清代豪宅。

台北市中山區濱江街5號

（02）2599-6026

09:00~17:00（週一公休）

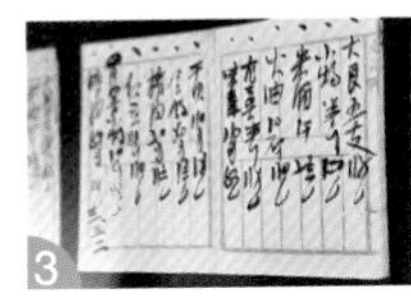

1.月眉池兼具實用性質與風水意義。

2.如倒掛蓮花的垂花吊筒，也是吉祥的象徵。

3.古厝內也有許多舊時代的展覽，圖為當時帳房的紀錄。

4 大佳河濱公園

市區裡的水上運動熱點

基隆河畔中山橋至中山高速公路之間，地勢平坦廣闊，市政府在這裡修建了大佳、迎風河濱運動公園，除了沿岸的自行車道外，還有籃球場、網球場、羽球場、小型高爾夫球場等完善的運動設施；大佳河濱公園更因河道筆直，水勢平穩，成為龍舟、輕艇等水上運動熱點。著名地標「希望之泉」，扇形噴泉水幕氣勢磅礡，壯觀的水舞表演加上燈光效果，晚上欣賞氣氛更加迷人。

台北市中山區

1.公園裡的代表性地標——希望之泉

2.造型獨特的大直橋，也是附近的知名地標。

絕美祕境×老街吃喝

境內多山的石碇，早年因東方美人茶與煤礦聞名，礦業沒落後，人口大量流失，讓這裡的美景也成為少有人知的祕境。（本篇攝影：許雅眉）

1 石碇千島湖

翡翠水庫的興建，改變了石碇區永安里附近的地貌，形成大大小小的美麗湖泊，石碇千島湖也因此得名。

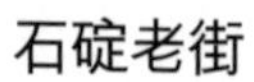

2 石碇老街

石碇老街是石碇地區最早發展的區域，分成東西兩街。街上的百年豆腐店、吊腳樓建築與不見天街，都是必訪景點。

3 石碇淡蘭藝文館

淡蘭藝文館是認識石碇的好地方，常設展覽介紹當地的歷史與物產，不定時也會有各種藝文特展喔！

4 石碇百年石頭屋

石碇東街上有著近百年歷史的老屋，裡面有許多石器以及古早製藥器材，來這裡體驗一下前人生活在其中的感覺吧！

5 八卦茶園

八卦茶園是千島湖區少數的餐廳，風景絕佳，吃飽飯後還可以到茶園產業道路散散步。

軍艦岩・步道健走

軍艦岩親山步道，可從陽明大學校區後方開始登山，沿途經過軍艦岩、拓印亭、照明禪寺、丹鳳山等景點，再從奇岩路下山。如果想在軍艦岩看夜景，可將行程逆推，帶上手電筒，從奇岩路上山，走到軍艦岩時，正好欣賞都市夜晚的萬家燈火。

軍艦岩親山步道

軍艦岩親山步道沿途有珍貴老樹和自然景觀，視野開闊，可欣賞士林到北投的稜線，與附近威靈頓山莊的現代建築。

軍艦岩

軍艦岩是大屯山系著名山嶺，嶺上巨岩聳立山巒間，宛如海上艦艇，因而得名。

拓印亭（打印台）

台北市區各大親山步道多有拓印亭的設施，讓遊客在登山健行時可以打印紀念，留下見證。

照明禪寺（情人廟）

原名情人廟的照明禪寺，氣氛清幽，寺後設有日式風格的許願亭、許願池，吸引許多遊客前往。

丹鳳山

傳說丹鳳山山形如鳳，因而得名，山上有一巨石，刻有丹鳳二字，山頂可俯瞰北投市區。

芽米屋美味蔬食館

芽米屋標榜不使用牛奶、雞蛋、豆類加工品，以及蔥、薑、蒜、洋蔥、韭菜等五辛，只用當季新鮮蔬果製作出健康又美味的餐點。

藝術與梯田・芝柏山莊

三芝靠海親山，美麗的環境，孕育出享譽國際的藝術工作者。來到三芝，就到芝柏山莊走一趟吧！

1 橫山梯田

大坑溪中游的橫山梯田，層層相疊，一旁公路與河流交錯，構成當地著名的美麗地景。

2 芝柏山莊（芝柏藝術村）

芝柏山莊曾是高級別墅區，荒廢後重新整頓，成為藝術家聚集的寶地。隨處可見的彩繪塗鴉，與眾多民宿、餐廳，讓這裡迸發出新活力。

3 李天祿布袋戲文物館

台灣布袋戲的傳奇人物——李天祿，他的布袋戲文物館就在芝柏山莊入口不遠處，趕快來朝聖一下吧！

4 楊子雲美術館

楊子雲是享譽國際的書法藝術家，他充滿創造力與震撼力的現代書法，讓人驚豔。（採預約參觀制）

5 PIZZA OLMO 新義式烘焙餐廳

芝柏山莊的深處有一家寵物友善的義式餐廳，主打的天然酵母麵包與現作窯烤披薩，都值得你來這裡嘗嘗鮮！

貓咪與礦坑・猴硐

位在台鐵平溪線上的猴硐，不只有懷舊的猴硐煤礦博物園區，更有引人入勝的「貓村」，讓它成為近年新興的熱門景點。

猴硐火車站

猴硐車站是全台少數保有質樸小鎮風情的車站，周邊廢棄的瑞三礦業公司廠區，更為車站增添了一股懷舊的歷史感。站前的兩家麵店都很有古早味，不妨一試。

貓村&貓橋

猴硐車站後方就是大名鼎鼎的貓村啦！眾多可愛的貓咪吸引了不少愛貓人士造訪，來這賞貓喝咖啡，再適合不過！逛完貓村還意猶未盡的話，就沿著全世界第一座人、貓共用天橋「貓橋」跨越車站，到猴硐煤礦博物園區看看吧！

猴硐願景館

跨越貓橋後的第一個景點，就是紅色磚房的猴硐願景館，它曾是瑞三選煤廠的倉庫，如今成為介紹昔日煤礦產業的展覽場所。

運煤橋

本名「瑞三大橋」的運煤橋，有著漂亮的拱橋設計，是過去煤礦業在基隆河谷間的連通管道；橋上經過整修，不僅方便遊客行走，俯瞰橋下風景，更留存了舊時軌道，讓人想見往昔風情。

猴硐坑

走過運煤橋，就是猴硐當年三大礦坑之一的猴硐坑，2013年，經過重新規畫，成為「猴硐坑休閒園區」，不只提供餐飲、旅宿服務，更有「百年礦車遊坑道」體驗，如果你也好奇以前的礦坑是什麼模樣，就來這裡一探究竟吧！

走出戶外，親山親水樂開懷

樂活台北：自然公園與步道

捷運輕鬆到

想要享受一下綠蔭的陰涼，不必跋山涉水，搭乘捷運就能抵達！

INFO

大安森林公園

地址：台北市大安區（捷運大安森林公園站）

古亭河濱公園

地址：台北市中正區（捷運台電大樓站）

2

水岸風情畫

不論河濱或是湖岸，都能讓單純的綠地景觀更加美麗多變，展現另一番自然風情。

INFO

大湖公園

地址：台北市內湖區（捷運大湖公園站）

江子翠河口景觀河濱公園

地址：新北市板橋區（捷運江子翠站）

3

賞花浪漫旅

說起大自然最浪漫的景象，莫過於繽紛的花海了春暖花開時節，一起賞花去！

INFO

淡水楓樹湖古道

地址：新北市淡水區北新路三段（楓樹湖金花石蒜專區內）

花種：辛夷花

花期：2月中到3月中

南港桂花步道

地址：台北市南港區舊莊街二段（近南港茶葉製造示範場）

花種：桂花

花期：9月到隔年2月

4

輕鬆去散心

有時你只是想找個人不多的地方散散心，挑一些輕鬆平緩的步道走走也不錯。

INFO

紅樹林生態步道

地址：新北市淡水區（近捷運紅樹林站）

白鷺鷥山親山步道

地址：台北市內湖區（大湖公園內）

5

認真來健行

如果平緩的步道無法滿足你遠行的渴望，那就來試試這些吧。

INFO

貴子坑親山步道

地址：台北市北投區（近捷運復興崗站）

圓通寺登山步道

地址：新北市中和區（近捷運南勢角站）

傳統烏龍

CHAPTER 5

懷舊風情的重現

台北從清代以來，就是台灣政治與文化的發展中心，即使如今已是現代化的大都會，但在林立的高樓間，仍不時可見古韻猶存的歷史建築。穿梭在台北的街巷間，一起尋找過往的流風遺跡，看台北城再現歷史風華！

老街茶香×古廟姻緣

擁有百年歷史的迪化街，除了是採買南北雜貨、藥材、布料的首選外，更是台北市保留最完整的老街。有復古懷舊風情的大稻埕長老教會、台原亞洲偶戲博物館、陳天來故居及迪化街三廟，還有許多古早味美食及特色咖啡店，漫步不同主題的文化街屋與文創店家，讓你體驗古今交錯的時代感。晚上再前往鄰近的寧夏夜市，嘗嘗大排長龍的人氣小吃。

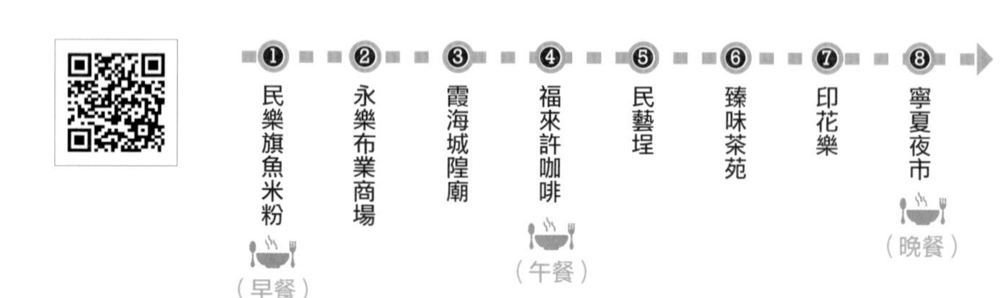

1 民樂旗魚米粉

早晨限定，難忘的銅板美食

台北市大同區民樂街3號

0933-870-901

06:00~12:30

位於大稻埕中心地帶的永樂市場，有許多頗具歷史的傳統小吃，這間營業到中午，只賣炸物和米粉湯的「民樂旗魚米粉」，開業至今已有77年歷史，是當地人首推的地方美味。加入旗魚同煮的米粉以油蔥、韭菜提味，吃得到細碎魚肉，湯頭鮮美，米粉滑口，酥香多汁的炸蚵仔和炸紅燒肉沾上特製醬油膏，鹹甜滋味和米粉真是絕配。

豬油提香的湯頭，濃而不稠，甘甜清爽。

---

2 永樂布業商場

質感精緻，全台最大的布市

台北市大同區迪化街一段21號

09:30~18:00（週日公休）

永樂市場裡比較特別的，是以販售布料為主的「永樂布業商場」。不單只是從事批發，更是許多布藝愛好者挖寶零售地，豐富的款式讓人眼花繚亂，有興趣自行設計、縫製衣物的朋友可別錯過！如果買的布料太重也別緊張，市場對面就是迪化街郵局，不妨直接把它寄回家，順便參觀一下這間古色古香的老郵局吧！

1.商場裡就是布藝愛好者的天堂。 2.古色古香的迪化街郵局。

3 霞海城隍廟

千里一線牽，求一段好姻緣

霞海城隍原是福建泉州府同安縣下店鄉居民的守護神，清朝康熙元年，御賜臨海門匾額。而因下店鄉又名霞城，而祖廟又設於霞城的臨海門旁，所以渡海來台以後便稱為台北霞海城隍。1859年建廟落成，如今已是市定古蹟，與慈聖宮，法主公廟合稱大稻埕的三大廟宇。

廟裡容納了六百多尊各式神像，目前香火最鼎盛的，非月下老人莫屬。由於很靈驗，每到國曆2月14日或農曆7月7日七夕情人節，祈求的信徒可說是絡繹不絕！不過怎麼拜才正確？趕緊來瞧瞧吧！

1.想揮別單身，就來拜月老吧！

2.廟裡還有許多神像，都有著各自的故事。

台北市大同區迪化街一段61號

(02)2558-0346

06:16~19:47

向月老祈求時，先準備喜糖、金紙及紅絲線等貢品，接著拿三炷香面向天公爐，默念自己的基本資料；再將喜糖放置於貢品桌，向城隍爺、月下老人及眾神自我介紹，說出擇偶標準；拜完後至天公爐插香，拿紅絲線在香爐內順時鐘方向繞三圈，並放入皮夾保存；接著吃下喜餅、喜糖、喝平安茶，最後將金紙放入紙箱，由廟方代為焚燒。除了靜待月老牽紅線外，平時也要廣結善緣，才能心想事成！

季節限定

大稻埕音樂煙火節

如果來訪的時間正值7~9月，別忘了留意一年一度的「大稻埕音樂煙火節」！台北市政府每年配合七夕情人節與大稻埕的地方特色，安排有一系列的精彩表演與煙火秀；時間充裕的話，不妨在迪化街逛到日落，再到附近的大稻埕碼頭欣賞水岸煙火，絕對能帶給你浪漫的甜蜜感受。2016年起，大稻埕音樂煙火節更將擴大舉辦，成為「夏季河岸音樂季」，可千萬別錯過囉！

4 福來許咖啡

精選食材完勝客人味蕾

一樓空間是文創商品陳列販售區，還有可以喝點飲料的吧台，二樓是舒適的用餐區，牆上還會有不定期更換的藝術作品可欣賞，三樓則是需要預約的「私廚」，可一嘗私宅無菜單料理。

這裡的餐點使用老闆精心挑選的好食材，像花蓮的富里米、宜蘭的放牧雞、新竹牧場的紅仁蛋；推薦的南投菌菇鴨胸燉飯除了主餐外，還附有軟法麵包、沙拉、湯品和飲料，抹上奶油的麵包香軟有嚼勁，沙拉、湯品食材新鮮，燉飯吸收了白醬和菌菇的味道，軟硬適中、香濃可口，厚實的鴨肉粉嫩柔軟，越嚼越能感受到肉的鮮甜，最後再來塊加入黑糖、桂圓、枸杞、紅棗，烤到外酥內軟的月老磅蛋糕，配上用茶碗裝的拿鐵，真是吃得好又飽的一餐。

店內布置舒適明亮。

台北市迪化街一段76號

(02) 2556-2526

週日至週四11:00~20:30，週五、六11:00~24:00

5 民藝埕

翻新老屋內的茶文化體驗

迪化街附近有很多老屋翻新的文化街屋，像是小藝埕、民藝埕、眾藝埕、聯藝埕、學藝埕等。位於霞海城隍廟隔壁的民藝埕是以茶文化為主題的店家，一樓販售相當多有特色的瓷器、陶器，其中最引人目光的就是放在蒸籠中，做成小籠包造型的瓷罐組，小巧玲瓏深受觀光客喜愛；一旁還有做成粉紅小桃子的桃喜杯，粉嫩可愛讓人想要捧在掌心撫摸。

台北市大同區迪化街一段67號

(02) 2552-1367

10:00~19:00

民藝埕保留了舊時代的優雅寧靜。

同場加映

南街得意茶屋

位於民藝埕二樓，挑高空間配上磨石子和紅磚地板、深色木架和絨布沙發，從天井灑落的陽光讓空間更加舒適宜人，喝杯茶配些堅果茶點，在沉穩雅致的空間中，享受老屋的復古浪漫風情。

6 臻味茶苑

老宅裡品悠然茶香

昔日永樂市場三大算命師之一林五湖的故居，是迪化街最古老、保存較完整的閩式街屋，屬三級古蹟的老宅。古厝的第三進還有人居住，第二進則保存完整的算命廳，供奉相命師的祖師鬼谷子，以及手持八卦的伏羲像，第一進則是古色古香的臻味茶苑。

台北市大同區迪化街一段156號

(02)2557-5333

10:00~21:00

古意盎然的老宅搭配香氣四溢的好茶，別有一番意境。

7 印花樂・大稻埕本店

將台灣記憶轉為繽紛織品

以花布產品聞名的印花樂，將八哥、朱鸝、獼猴等台灣生態動物，及古早味零食、舊花磚、鐵花窗等台灣記憶作為創作元素，設計出清新又繽紛的印花織品，再將印花布料做成手帳、包包、年曆掛巾、環保餐具套等，可愛又特別。

台北市大同區民樂街28號

(02)2555-1026

09:30~19:00

別緻的花布提袋。

8 寧夏夜市

老台北最愛的美食據點

位在民生西路、南京西路與重慶北路中間的寧夏夜市，承襲了早期台北圓環夜市的傳統滋味，可說是老台北人味覺記憶的寄託所在。如果迪化街上的好味道仍讓你意猶未盡，那就一定要來這裡嘗嘗鮮！

劉芋仔

在令人口水直流的眾多美味中，劉芋仔的蛋黃芋餅、香酥芋丸是非吃不可的人氣小吃，攤位上的芋泥、肉鬆和蛋黃堆得像山一樣高；剛炸好的芋丸外皮香酥，芋泥柔軟帶有濃濃香氣，加了肉鬆和蛋黃的芋餅滋味豐富，吃完還想再吃。

台北市大同區寧夏路34號前（091攤位）
0920-091-595
17:00~01:00

詹記雞腳翅

詹記雞腳翅小小的攤位總是被一堆人團團圍住，攤位上堆滿油亮的滷味，每樣食材都滷到入味又不過鹹，百頁、甜不辣、雞內臟、雞腳都很不錯，尤其比別人大一號的厚實雞腳滷得香Q入味，非常「涮嘴」。

台北市民生西路231號(寧夏夜市口)
(02)2557-0394 0936-165-703
17:30~24:00

寧夏夜市在2015年「台北夜市之最」票選中，連奪5冠，可見其人氣之高。

諸羅山米糕

吃完點心要來點能吃飽的正餐，諸羅山米糕賣的是道地嘉義米糕，用檜木桶炊蒸的米糕上桌前淋上炒過的切片滷肉，米糕粒粒分明香Q好嚼，配碗冬瓜排骨湯恰恰好。

台北市大同區寧夏路46號
(02)2558-0198
12:00~02:00

艋舺老廟，萬華風情

「一府二鹿三艋舺」，這句諺語每個台灣人都耳熟能詳。舊稱艋舺的萬華，曾因優越的水運條件，成為清代台北的發展重心，當時的市街多環繞信仰中心發展，最熱鬧的地方莫過於龍山寺到清水巖祖師廟一帶，如今繁華褪去，這裡仍有許多充滿昔日風情的建築與文化。走一趟龍山寺，逛逛充滿懷舊風情的歷史街區吧！

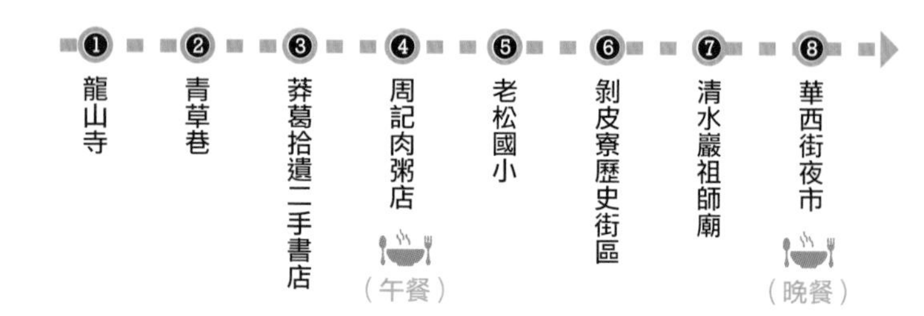

1 龍山寺

香火鼎盛的匠藝殿堂

台北市萬華區廣州街211號

（02）2302-5162

06:00~22:00

萬華的信仰中心——龍山寺，興建於1738年，供奉觀世音菩薩、文昌帝君、天上聖母、註生娘娘、關聖帝君等神明。由於素來靈驗，所以常見民眾拜完菩薩後，就會依需求向後殿神明祈願；考試順利拜文昌帝君，祈求健康拜華陀仙師，求子拜註生娘娘，想要好姻緣拜月老神君。

來到龍山寺，燒香拜拜後可別急著走，這裡可說得上是傳統匠藝的藝術殿堂，精緻的石雕、木雕、彩繪都出自大師之手，如三川殿前全台唯一的銅鑄蟠龍柱、正殿外牆的知名書法家石刻、正殿左右側的「龍王請法圖」和「忉利天宮為母說法」壁畫，或是展現精湛工藝，完全不用釘子，而是32組斗栱逆時針組成，加上42根金柱撐起的大殿圓形螺旋藻井，在在展現台灣傳統寺廟之美，值得花時間慢慢欣賞。

1.多層次的立體蠋台，就是早期的光明燈。

2.對未來有些徬徨嗎？不妨求一支靈籤吧！

3.香火鼎盛的龍山寺，平日也被信眾、觀光客擠得水洩不通。

2 青草巷

來杯古早味的退火聖品

台北市萬華區西昌街224巷

別名「青草巷」的西昌街224巷，早年是艋舺的藥草集散地，由於當時醫師稀少，草藥店就是民間診療的主要場所，所以也被稱做「救命街」。

每每走進青草巷，都會聞到甘醇的草香，知名作家龍應台曾形容這裡「土里土氣，但清香撲鼻」。這裡有上百種台灣道地草藥，許多人都會來這裡買上幾包草藥，自行回家烹煮，當然，店家也提供代客煎煮服務。炎炎夏日，不妨來這裡喝杯清涼退火的青草茶吧！

青草店裡的草藥琳瑯滿目。

3 莽葛拾遺

最在地的舊書店

台北市萬華區廣州街152巷4號

（02）2336-2181

11:00~18:00

龍山寺斜對面的巷弄裡，隱藏著一家有趣的二手書店，不只磚紅色的建築頗有古風，就連店名——莽葛拾遺，也饒有古趣。「莽葛」其實是平埔族語的獨木舟，也是「艋舺」的地名由來；「拾遺」則更顯愛物、惜物之意，正好符合書店的經營方向。

店裡展售的不只舊書，也有老照片、古早民生用品或藝術品等各種經典古物。如果你也有著一個老靈魂，那就來這裡淘淘寶吧！

莽葛拾遺二手書店：門口楹聯：梭書燃杖，衍宗風天祿，文光萬祀；守郡除彪，綿祖澤宏農，德政千年。（攝影：YS）

4 周記肉粥店

艋舺的在地老味道

台北市萬華區廣州街104號

（02）2302-5588

06:00~16:50

說起艋舺在地好味道，就不能不提「周記肉粥店」了，每到用餐時間，不分平日、假日，這裡總是一位難求。店裡招牌的肉粥，是直接用生米搭配肉湯熬煮而成，米粒吸飽了肉汁的香味，湯頭清甜，又富油蔥香氣，是傳統好味道。另外，來這必點的小菜——紅燒肉，肥瘦相間，外皮更炸得油香酥脆，值得一試。

就算是大熱天，店裡依舊人滿為患，可見其人氣。（攝影：YS）

---

5 老松國小

優雅罕見的校園建築

創校於1896年的老松國小，曾是日治時期的公學校，舊校舍因遭白蟻侵蝕而重建，1920年完工後延續至今，古樸優雅的造型，在現今的校園建築中相當少見，目前也已成為市定古蹟。

1.優雅古樸的校舍，如今可是台北市的指定古蹟。

2.週末午後的校園迴廊，讓人想起過往的爛漫時光。（本篇攝影：YS）

台北市萬華區桂林路64號

（02）2336 1266

6 剝皮寮歷史街區

留存萬華的過往記憶

剝皮寮歷史街區是台北市碩果僅存的清代街道之一，想在這裡一窺舊時艋舺的繁榮風華，首先要去一旁的「台北市鄉土教育中心」，裡頭有許多有趣的互動教具，以輕鬆活潑的方式讓大家了解萬華的歷史，例如為什麼以「剝皮寮」為名、這裡住過那些名人、前人的生活小故事，還有街區的建築格局和特色。

漫步在街區中，彷彿時光倒轉，雖不見熙來人往的熱鬧景象，卻更能欣賞建築的美；可看見曾在電影場景中出現的紅磚拱形騎樓，也可走進屋舍中，看看舊時的房屋內部空間，每個角落都充滿經過時間沉澱的魅力。

1.修復後的歷史街區，是不少電影的拍攝場景。
2.以前的電影海報，如今看來別有一番趣味。

台北市萬華區廣州街101號（台北市鄉土教育中心）
（02）2336-1704
09:00~18:00（週一及國定假日公休）

7 清水巖祖師廟

《艋舺》太子幫的結義所在

台北市萬華區康定路81號

（02）2371-1517

06:00~21:30

大台北地區早年多由信奉清水祖師的安溪移民開拓，所以祖師廟所在多有，但要說到最有歷史意義與人氣的，莫過於萬華的「艋舺清水巖祖師廟」，它見證了分類械鬥時期的大事件「頂下郊拚」，也見證了萬華一地的興衰。

2010年，知名導演鈕承澤拍攝的電影《艋舺》上映，故事講述1980年代當地少年們的愛恨情仇，引起轟動。片中許多場景都在清水巖祖師廟及附近市街拍攝，讓老街區重新掀起懷舊觀光的風潮。

這裡就是電影《艋舺》裡一眾主角結義的地方。（攝影：YS）

8 華西街夜市

親切懷舊的老店滋味

台北市萬華區華西街

說到華西街，腦海中浮現的就是蛇湯，其實這裡有很多經營幾十年的老店，提供親切懷舊的好口味。像是有40年歷史的小王清湯瓜仔肉，招牌「清湯瓜仔肉」肉條扎實飽滿，湯頭清甜甘醇，搭配香菇滷肉飯，是簡單又吃不膩的組合。想吃甜點也有60年歷史的「北港甜湯」。招牌的芋頭湯、燒麻糬等，以砂糖熬煮的湯汁雖甜，但還是好吃到讓人忍不住喝光光。

1.華西街夜市入口的牌樓。

2.夜市裡的宮燈相當少見。

古蹟文創Remix，西門町

若要問起大台北哪個地方好玩又新潮，那當然非西門町莫屬啦！但這裡可不只有流行商品，也有充滿懷舊風情的古蹟建築。假日來到這裡，不妨先從早場電影開始，逛逛電影主題公園，再沿路前往熱鬧的西門町徒步區，發掘最新流行，逛逛懷舊市集。最後再到充滿日式風情的西本願寺，沉澱思緒收收心，就是一趟輕鬆美好的小旅行！

1 台北電影主題公園

市集、塗鴉、電影休閒集散地

台北市萬華區康定路19號

(02) 2312-3717

武昌街二段電影院林立，是西門町著名的電影街，而電影主題公園就位在電影街尾端。這裡也是台北少數可以合法塗鴉的地方，充滿創意的塗鴉從公園延伸到附近巷弄間，在公園對面的電影院牆上，還有一個六層樓高的超大塗鴉牆，新舊交融，讓公園看起更具特色。

滿牆精采塗鴉，讓公園呈現出動感的活力。

---

2 美好年代

超人氣珍珠奶茶鬆餅

台北市萬華區康定路19號

(02) 2312-0124

週一至週五12:00~22:00，週六、日11:00~22:00

電影公園內的「美好年代」，不僅有高挑的室內空間，也有能享受自然風的戶外空間。喜愛義大利料理的老闆最推薦「蟹肉明太子奶油義大利麵」，明太子的鹹香和海苔的香氣，讓奶油醬汁吃起來香濃不膩。招牌甜點「珍珠奶茶鬆餅塔」一上桌，只見雪白的奶茶醬緩緩流下，最上面還放了晶瑩黑亮的粉圓，看起來可口誘人，難怪一推出就在網路上造成轟動。

1.店內主要提供輕食，因此開放式廚房也不會有惱人油煙。

2.奶茶醬上放著剔透的粉圓，「珍珠奶茶鬆餅塔」令人垂涎欲滴。

3 日藥本舖博物館

走進懷舊的昭和年代

西門町的名字源於日治時期，來到這裡當然也要找些充滿日式懷舊風情的景點逛逛！而位於西寧南路與漢口街交叉處的日藥本舖博物館，就是不可錯過的精彩景點啦！

博物館外觀是巴洛克式建築，裡頭1～3樓主要仍販售藥妝、零食與生活用品，以日本原裝進口的流行商品為主，此外也有駐店藥師提供專業服務。3樓有一處特別裝飾過的樓梯，登上樓梯通往4樓，就是真正的「日藥本舖博物館」。

拾階而上，迎面撲來的是道地懷舊風情，彷彿穿過時光隧道，來到了昭和時代的日本街道。雖然只有小小一層樓的範圍，卻集結了神社、湯屋、茶屋、駄菓子屋（類似台灣的「柑仔店」）、診療室、西藥房、漢方藥房等特色景點，展示許多日本早年的藥品與日用品。趁著週末假期，到這裡來一趟懷舊和風巡禮吧！

台北市萬華區西寧南路83號

（02）2311-0928

09:30~23:00

1.博物館的真正入口在3樓。

2.U虎神社是來到這裡一定要拍照留念的景點。

3.館內展示許多早期藥品的包裝，別有一番趣味。

（本篇攝影：YS）

伴手好禮

入浴両Bath Bomb

做成小判（小型日式金幣）造型的入浴劑，不只能拿來泡澡，外觀看起來吉利討喜，在桌上疊成小山狀更是氣派，可說是送禮自用兩相宜！

4 西門町徒步區

新舊流行Remix

台北市成都路、康定路、漢口街和中華路構成的街區

西門町是台北最熱門的娛樂聚會場所，最流行的服飾、音樂、電影、餐廳這裡通通有。像是西寧南路上的「萬年商業大樓」，它曾是日治時期的豪華戲院，歷經轉型與重建，如今成為特色商場，青少年喜愛的流行商品都可以在這裡找到，可說是西門町的青春指標。

徒步區裡也不乏傳統好味，像中華路上的鴨肉扁、巷子內的阿宗麵線、西寧路的賽門甜不辣、成都路上的楊桃冰、蜂大咖啡等美味，都有數十年歷史。

1.舊街區卻有著最新潮流，總是熱鬧滾滾、活力無限。

2.越夜越美麗的西門町，等你來體驗。

5 貳拾陸巷｜Somebody Café

廣受女孩歡迎的小巧咖啡店

Somebody Café空間不大，乾淨的水泥牆面上掛著用複雜黑色線條畫出的人物插畫，淺色木質地板，漆白色的學生課桌椅當作客席座位，大片窗為室內帶來舒服自然光，明亮可愛的氣氛很受年輕女生喜愛。午後時分，想吃點甜的，可以來份「抹茶紅豆鬆餅」，熱呼呼的鬆餅外酥內軟，帶著淡淡抹茶香氣，微苦的鬆餅搭上綿密香軟的紅豆泥，或是沾點冰淇淋、煉乳，創造出不同的好滋味。

台北市萬華區成都路65號2樓

（02）2311-2371

10:00~22:00

1.課桌椅、人物插畫和水泥牆，創造出俐落可愛的感覺。

2.廣受歡迎的「抹茶紅豆鬆餅」。

1

6 西門紅樓

百年建築，新生風貌

西門紅樓在日治時期，是日本人的市場和百貨商店，歷經百年時光流逝，紅磚外觀依舊，但內部空間經過改裝，在八角樓一樓中央展出許多過去的文物，讓大家了解紅樓由市場、劇場、電影院到文創空間的發展經過。看完展覽，也可到一旁看看文創精品，或是到茶坊喝茶休息一下。

八角樓前的北廣場，假日會有創意市集，看得到各種稀奇有趣的商品，每個月還有的不同主題，每次來都會有不一樣的新發現。

台北市萬華區成都路10號

（02）2311-9380

週二至週日11:00~21:30，週五、六11:00~22:00（週一公休）

2

3

1.舊時人物剪影和百年紅樓交疊，彷彿回到昔日時光。

2.珍貴的歷史文物展覽，讓大家能更了解紅樓過往風貌。

3.紅樓內也販售許多有趣實用的文創商品。

7 西本願寺

鬧區裡的小京都

西本願寺正式名稱為「淨土真宗本願寺派台灣別院」，在日治時期曾是台灣最大的日式佛寺，也是日本淨土真宗的重要傳教據點。園區內最具代表性的古蹟是樹心會館與鐘樓，皆落成於1923年，樹心會館有著大正時代晚期的紅磚建築風格，精緻典雅；鐘樓也有屋架、普拍枋、雄碩斗栱等木造結構特色。

光復之後，西本願寺曾被軍方與警備總部徵用，大部分的建築也在1975年慘遭祝融，然而這無損於它在歷史及宗教學術上的意義，經過一番修整，如今也成為市定古蹟。來這裡如果走累了，不妨到八拾捌茶輪番所坐一坐，這裡曾是寺院總住持人的宿舍，現在則是一家充滿日式風情的茶館。在輕鬆的午後，挑個窗邊的位子坐下，伴隨氤氳茶香，品嘗精美的和菓子，真是再愜意不過了！

台北市萬華區中華路一段174-176號 (02) 2312-0845（八拾捌茶輪番所）

週一至週五13:00~21:00，週六、日10:00~21:00（八拾捌茶輪番所）

1.樹心會館與鐘樓是寺院內主要的古蹟建築。

2.一旁的告示牌上，述說著西本願寺的歷史。

3.走累了的時候，就來這裡泡碗茶吧！

（本篇攝影：YS）

歐風老時光・淡水洋樓

淡水是早期台灣的重要港埠，也是西方文明進入北台灣的入口，許多建築都洋溢歐風，在眾多的懷舊景點中可謂獨樹一格，再加上得天獨厚的水岸風景，使淡水成為許多人心中難忘的美好記憶。讓我們一路從淡水文化園區漫步到紅毛城，來趟淡水洋樓一日遊吧！

1 淡水文化園區（殼牌倉庫）

黃金時代的見證

19世紀中期，淡水開港，此後洋行、洋樓林立，成為北台灣第一大港。悠悠百年之後，多數洋行倉庫已不復見，唯獨「淡水文化園區」的前身——「殼牌倉庫」（英商嘉士洋行倉庫），因複雜的產權糾紛被留存下來，成為淡水黃金時代的重要見證。

「殼牌倉庫」為北台灣少數僅存的洋行倉庫，也是台灣少數僅有的工業遺址古蹟，目前屬於「淡水文化基金會」用地，也是市定古蹟。園區內設有「淡水殼牌故事館」，常設展出殼牌倉庫的歷史，並不定期舉辦藝文展演，是充滿在地人文風情的文化生活博物館。

新北市淡水區鼻頭街22號

（02）2622-1928

09:00~18:00（週一公休）

2 淡水老牌阿給

正牌淡水銅板美食

來到淡水，當然要品嘗一下在地特色美食「阿給」，而最道地的創始老店，就是這家——淡水老牌阿給！

阿給是1965年由楊鄭錦文女士所發明，老店經營至今已傳承到了第三代，當初只是為了不想浪費賣剩的食材而研發出的新料理，沒想到意外成為淡水最出名的美食。

淡水老牌阿給從早上5點就開始營業，想當早餐吃也不是問題，但由於生意太好，往往12點一過就賣完了，想吃還得趁早喔！

新北市淡水區真理街6-1號

（02）2621-1785

05:00~15:00

1.作為阿給創始老店，顧客自是絡繹不絕。

2.外帶時要用報紙包起保溫，才是正宗的淡水古早味。

3.與他家阿給不同，魚漿中混合了胡蘿蔔絲，味道更鮮甜。

3 小白宮

優雅迴廊，盡顯異國風情

小白宮，也稱「埔頂洋樓」。淡水開港通商之後，官署不諳「洋務」，決定聘用外國人擔任稅務司工作。稅務司公署衙門在今紅毛城停車場前，原有三棟，是當年本地最豪華的建築。目前唯一留存下來的這棟殖民地式白堊迴廊建築，就是當時稅務司官邸。

到了日治時期，這裡的稅關由於淡水港關務大減而被廢除，建築日益荒廢，被當時淡江中學的學生稱作「化物屋敷」（鬼屋）。光復後，官邸旁的兩棟同型洋樓也被拆除，小白宮也一度面臨被報廢改建的命運。但在當地仕紳與專家學者的奔走下，終於保存下來並列為三級古蹟。

目前小白宮內作為藝文展覽場所使用，外部也有觀景平台，可以遠眺河岸景觀或在此欣賞落日。由於建築本身的優雅異國風情，也讓這裡成為知名的婚紗攝影地點。

1.小白宮的白堊迴廊，是熱門的婚紗攝影景點。

2.官邸內著展覽，述說著淡水過往的歷史。

新北市淡水區真理街15號

(02)2628-2865

週一至週五09:30~17:00，週末09:30~18:00（每月第一個週一公休）

4 淡江中學

走進《不能說的・祕密》

真理街上的淡江中學，校史可追溯至馬偕博士創立的教會學校——淡水女學堂，可說是全台女子教育的濫觴，而學校悠久的歷史也體現在校園的建築上。

像是「女學校大樓」建於1916年，是以磚造為主的二層校舍，正面的山牆帶有拜占庭建築風格，還有用磚雕手法刻出的「淡水女學堂」落款。另一知名建築「八角樓」則是馬偕博士長子偕叡廉籌建，1923年風格，結合中式寶塔與西方建築的中西合璧風格，成為淡江中學的精神地標。

作為北台灣最出名的私立學校，淡江中學也培養出許多傑出校友，讓學校的名氣更上層樓。2007年上映的周杰倫首部自製電影《不能說的・祕密》，即以母校淡江中學為主要拍攝場景。

1.磚紅色的女學校大樓，是台灣女子教育的發祥地。

2.中西合璧的八角樓，如今已是淡江中學的精神地標。

3.校園內的楓樹，也是一道風景。

新北市淡水區真理街26號

(02) 2620-3850

平日採預約參觀制，週末開放自由參觀

1.尖拱形狀的校門，在基督教中是雙手祈禱的意思。

2.禮拜堂側面的尖拱，與校門使用相同意象。

3.古色古香的牛津學堂，見證了淡水的發展史。

5 真理大學

台灣教育史上的第一所大學

新北市淡水區文化里真理街32號

(02)2621-2121

10:00~16:00（牛津學堂週一公休）

真理大學的創設也與馬偕博士有關，它源於1882年設立的台灣首座西式學堂——「理學堂大書院」。這座書院的成立，端賴馬偕博士故鄉加拿大牛津郡鄉親們的熱情捐助，所以英文命名為Oxford College，也就是後人所說的「牛津學堂」。這座充滿歷史與文化價值的磚造建築，如今已成為作為北部基督長老教會史蹟館、馬偕資料紀念館與真理大學校史館使用，也是國定古蹟。

除了牛津學堂外，校園內尚有馬偕故居、教士會館與紅樓等早期洋樓建築，但最讓人讚嘆不已的，還是上個世紀末建成的禮拜堂，雖然不列入古蹟，但獨特的尖拱造型結合基督教教義概念，讓它成為校內最美的一道風景。禮拜堂內設有台灣最高的巨型管風琴，相當罕見。

6 淡水紅毛城

淡水最知名的地標

說到淡水最知名的古蹟，當屬紅毛城了。1664年，荷蘭人在西班牙人被毀的舊根據地——聖多明哥城附近重建城寨，命名為「聖安東尼堡」。由於當時漢人稱荷蘭人為「紅毛」，所以這座城也被稱為紅毛城。後來歷經鄭氏與清廷的修葺，於1867年時租予英國政府，作為英國領事館，直到1972年。1980年，紅毛城的產權正式轉歸中華民國政府，被指定為一級古蹟，開放給民眾參觀。

目前紅毛城古蹟區包含了紅毛城主堡、前清英國領事官邸與紅毛城南門。其中主堡是台灣現存最古老的建築之一；主堡東側的領事官邸保存完善，屬兩層式的洋樓，濃厚的西式風情讓它成為熱門拍照景點。

新北市淡水區中正路28巷1號

(02)2623-1001

週一至週五09:30~17:00，週六、日09:30~18:30

同場加映

淡水海關碼頭

鄰近紅毛城的淡水海關碼頭，在台灣貿易史上有重要的地位，清領時代是對英、法兩國的通商口岸，馬偕博士來台，也是從這裡上岸。當然，這裡出名的不只是過往的歷史，每到黃昏時分的夕陽美景，更是此地遊客絡繹不絕的主要原因！

1.英國領事官邸的建築風格與小白宮相似。（攝影：許雅眉）

2.當年荷蘭人留下的堡壘，成為淡水最知名的地標。

景美人權文化園區

捷運大坪林站附近，不只有眾多美食，附近曾是警總看守所的景美人權文化園區，更見證了半世紀以來的台灣的政治紛擾與人權演進。看完沉重的歷史，也別忘了騎上單車，沿著新店溪畔散散心，從秀朗清溪河濱公園，一路騎到陽光運動公園，享受迎向陽光的暢快淋漓吧！

1 Peace & Love café

專業級咖啡佐好吃甜點

位於巷弄間的Peace & Love Café，空間寬敞明亮，水洗石地板、潔白牆面上掛著很有特色的攝影作品，配上線條簡潔的桌椅、燈具，雖然裝潢走工業風，卻令人感覺舒適放鬆。老闆簡嘉程獲得2015年世界盃虹吸大賽第三名，咖啡水準當然沒話說，推薦的卡布奇諾用大、小2個杯子盛裝，大杯子奶量較多，喝起來溫潤順口，小杯子味道較醇厚，喝得出咖啡的焦香氣。

除了好品質咖啡，另有每天提供不同品項，晚來就吃不到的好吃甜點，像是檸檬塔、烤布蕾、脆皮焦糖泡芙塔等；沒吃到也別失望，全日提供的早午餐也很不錯，派皮酥香的培根蘑菇法式鹹派，內餡的洋蔥、培根、蘑菇用奶油炒過吃起來很香，加上柔軟香滑的烤蛋，附上淋了油醋醬，吃起來微酸解膩的沙拉和酸酸甜甜的手作優格加藍莓醬。

1.寬敞明亮的空間搭配簡潔的燈具及桌椅，令人舒適放鬆。

2.讓人垂涎欲滴的脆皮焦糖泡芙塔。

3.老闆簡嘉程在各大咖啡比賽屢獲佳績。

新北市新店區民權路42巷18號

(02)7730-6199

09:00~21:00

2 景美人權文化園區

貼近被隱藏的台灣歷史

位在新店秀朗橋旁的景美人權文化園區，是早期軍事學校與軍事法院的所在地， 60年代改為審判拘留政治思想犯的軍事情報局看守所；這個嚴肅沉重的地方經整修後對外開放參觀，讓大家得以了解白色恐怖時期那段被隱藏的台灣歷史。

走進園區會先見到許多忽高忽低的水泥牆，這是藝術家設計來表現囚禁著受難者的重重圍牆，仰望牆上用鐵絲勾勒成的鴿子和一線天際，彷彿能感受到受難者對自由的渴望。外圍的軍用空間被改建成「景美看守所與白色恐怖」展覽館，裡面展示戒嚴時期看守所的歷史沿革和相關文物。往內走就是看守所的牢房、面會室、醫務室、工廠等，這些地方都保留當時的陳設，可實際感受那些年的空間與氛圍。

新北市新店區復興路131號

(02)2218-2438

09:00~17:00（週一公休）

同場加映

秀朗清溪河濱公園

位於中安大橋與秀朗橋間的秀朗清溪河濱公園，有著遼闊的視野，一望無際的草原，和新店溪交互輝映，令人心曠神怡。純粹的藍天、綠地與溪流，讓人忘卻都市中的喧囂，是洗滌心靈的好去處。

1.藝術家以兩道高牆來表現受難者困境。

2.仁愛樓看守所的士官兵寢室擺設簡樸。

3.位於仁愛樓看守所內的福利社也可見當時的肅穆氛圍。

3 陽光橋・陽光運動公園

新店溪旁的美麗風景

造型優美的陽光橋僅供行人和自行車通行，為了兼具防洪效果，無橋墩設計是其一大特色。牆面上以造型優美、線條流暢弧形鋼梁支撐，還有變幻萬千的夜間光雕照明，建議在黃昏時刻造訪，欣賞陽光橋在夕陽、燈光變化下的美麗身姿。

一旁的陽光運動公園有沙灘排球場、直排輪競賽場、兒童遊戲區和大片翠綠草坪，草坪上還有逗趣可愛的蝸牛石雕。春天時沿路種了一整排河津櫻的四季花道更是最佳的賞花地點，微風吹來，漫步在樹下還可遇見浪漫的花吹雪。

新北市新店區

(02)2911-2281(新店區公所)

美味推薦

高家餃子麵食館

陽光運動公園附近比較偏郊區，餐廳不多，大多以傳統麵食或早餐店一類為主。如過運動之後餓了的話，推薦到離公園不遠的高家餃子麵食館，除了招牌的水餃與麵食外，也有韓式口味的辣炒年糕、炒碼湯麵等，不妨一試。

1.草坪上的蝸牛石雕模樣可愛，每一隻都有不同特色。

2.陽光橋以線條流暢的弧形鋼梁支撐，橋上僅供行人和自行車通行。

道地老蘆洲

人口密度極高的蘆洲，其實藏著最道地的台式風情！挑個假日，先到寬廣的李宅古蹟，欣賞保存完好的百年古厝，再沿著中正路到得勝街，到湧蓮寺拜拜求平安，並品嘗市場中切仔麵、米苔目等各色小吃，也別忘買盒紀念蘆洲名人鄧麗君的小鄧餅帶回家喔！

1 李宅古蹟

桃花源般的百年古厝

新北市蘆州區中正路 243巷19號
(02)2283-8896 100元
09:00~17:00（週一公休）

被高樓包圍的李宅古蹟就像都市桃花源，走進圍牆就看見大片青草地，半月型蓮花池瀲灩碧波，池邊柳樹迎風輕盪，圍牆邊種滿欒樹，配上唭哩岸岩石與傳統紅磚砌造的合院古厝，真是如畫般的美景。

李宅面積約1200坪，建築部分約400坪，有9個客廳、60個房間，破壞極少大部份仍持原貌，其中展示了蘆洲歷史、李家族史、李宅建築的特色、建築工法、地理風水等相關資料，瀏覽後不但能了解蘆洲的發展，也更能欣賞古樸建築之美。

1.這裡的「柑仔店」主要販售紀念品。

2.傳統的爐灶與蒸籠。

3.宛如都市桃花源的蘆洲李宅古蹟。

2 龍鳳堂餅舖

紀念鄧麗君的特色糕點

新北市蘆州區中正路49號

(02)2281-0601

08:00~22:00

位在得勝街口的龍鳳堂餅舖是蘆洲老字號餅店，販售芝麻禮餅、鳳梨酥、蛋黃酥等台式糕點，還有紀念蘆洲名人鄧麗君的小鄧餅、麗君餅，但其中人氣最佳的，就是得過2014年新北市蛋黃酥比賽冠軍的烏豆沙蛋黃酥小巧可愛，酥鬆柔軟的入口即化，內餡吃起來柔滑綿密還帶點鹹蛋黃的油脂香味，香甜不膩的滋味讓人吃完回味再三。

1.紀念鄧麗君的「小鄧餅」、「麗君餅」是店內一大特色。
2.老字號的餅舖生意始終嚇嚇叫，更曾獲選「台灣商圈好店」。
3.外表金黃、內裡酥鬆柔軟的蛋黃酥是店內招牌。

3 湧蓮寺

蘆洲人的信仰中心

湧蓮寺位於得勝街與成功路口，因位在蓮花穴而取名「湧蓮」，是當地的信仰中心，每年農曆9月18日還會舉辦俗稱蘆洲大拜拜的遶境活動，各地的陣頭廟宇都會參加，是蘆洲每年最熱鬧的地方盛會。

湧蓮寺是間兩廟合祀的廟宇，建築的前半部是供奉觀世音菩薩的湧蓮寺，後半部是供奉延平郡王的懋德宮，懋德宮還有大片鄭成功史蹟為主的青銅浮雕，中間是「荷蘭降鄭圖」，左右各為延平郡王簡傳、鄭成功坐像，是寺廟中少見的裝飾。

現在的湧蓮寺以現代樓宇為主，融合華麗厚重的歇山重簷屋頂，藻井、剪黏泥塑、彩繪、木雕、石雕等傳統建築裝飾，門口兩側還有高大的佛教護法神韋馱、伽藍，相當有氣勢。

新北市蘆洲區得勝街96號

(02)2281-8642

05:00~23:00

添丁切仔麵&蘆洲廟口夜市

傳統小吃切仔麵發源於蘆洲，因此這裡切仔麵店特別多。離湧蓮寺不遠的添丁切仔麵，是很受在地人喜愛的30年老店。招牌切仔麵湯頭清爽鮮甜，麵條滑順不軟爛；小菜選擇也多，五花肉更是必點招牌！

以湧蓮寺為中心的蘆洲廟口夜市（形象商圈），也是商家林立，深受當地人喜愛。早、中、晚一日三市，早晨是提供生鮮和民生用品的傳統市場，到了中午與傍晚則成為休閒購物與享用餐飲的場所。

1.廟裡的建築雖幾經重建，亮麗外表下仍不失古風。

2.湧蓮寺後半的懋德宮，供奉的是延平郡王鄭成功。

府中商圈×林家花園

位於捷運府中站附近的府中商圈，以舊板橋車站為中心，地利之便帶來大批人潮，讓這裡成為新北市第一個發展完整的商圈，不只機能多元，知名的板橋林家花園也在附近。

1 板橋遊龍—府中景觀陸橋

以流水旋渦、魚兒停留聚集的概念設計，讓陸橋不只是橋，而是人們可以停留、休閒、談天的場所。

2 府中15新北市動畫故事館

舒適環境與豐富館藏，讓這裡成為影音工作者與動畫迷的天堂！

3 慈惠宮&算命街

慈惠宮是板橋地區的信仰中心之一，附近有聞名遐邇的算命街，紫微斗數、鳥卦、米卦、手相和面相，各類占卜方式應有盡有！

4 黃石市場

黃石市場，裡頭有不少小吃，像是老曹餛飩、王家肉羹、生炒魷魚與甜不辣等，味道好又便宜，CP值超高！

5 大觀書社

大觀書社是國家三級古蹟，供奉文昌帝君與孔子，是新北市祭孔大典的舉辦場地。

6 板橋林家花園

板橋林氏在清代時可是台灣首富，歷經三代興建起的大宅自也不同凡響。

台北經典老建築

作為台灣發展史上重要的政治文教中心，台北市區裡也集結經典的西式、日式建築，挑個週末早點起床，來一趟市區經典建築巡禮吧！

1 林森、康樂公園

公園內留有大、小鳥居各一，其中大鳥居紀念的是曾安葬於此地的台灣總督明石元二郎。

2 中山基督長老教會

擁有尖塔、鐘樓、彩繪玻璃窗等特色，是台灣十分少見的哥德式建築，如今也是市定古蹟。

3 光點台北

現由台灣電影文化協會經營的「光點台北」，曾是美國駐台北領事館，白色的二層洋樓，帶有美國南方維多利亞式建築特色。

4 蔡瑞月舞蹈研究社

這裡原是日治時期文官宿舍，因緣際會下，成為了台灣現代舞的搖籃。懷舊的日式風格，讓人不禁發思古之幽情。

5 公雞咖啡

看了一連串的老建築，是否想找個地方歇歇腳呢？到鄰近赤峰街、充滿復古風特色的公雞咖啡坐一坐吧！

書香・古樓・老台北

台北市中正區原是由城中區與古亭區合併而來，而城中區一帶，正是清代台北府城的所在地。跟著我們的腳步，一起重溫老台北人的記憶！

1 重慶南路書店街

不論是堅持圖書館式經營的三民書局，或是頗有古風的世界書局，都值得愛書的你到此一遊。

2 明星咖啡館

知名詩人周夢蝶也曾在咖啡館下騎樓擺攤，吸引文藝工作者聚集，形成了定期的藝文沙龍，見證了台灣文學的發展。

3 撫台街洋樓

撫台街洋樓是台北府城內碩果僅存的日治時期商用建築，外表質樸簡潔而不失細緻，有歐陸古典風格之美。

4 鄭記豬腳肉飯

撫台街洋樓旁的鄭記豬腳肉飯是人氣美食，豬腳入味而不肥膩，吃過都説讚！

5 北門（承恩門）

本名承恩門的北門，是台北府城五大城門中唯一保持清代原貌者。一旁的台北郵局也是知名古蹟，可以一同遊覽。

老街×新橋・新莊廟街

艋舺興起前，新莊可是「市肆聚千家燈火」的熱鬧地段，幾經興衰，當年交通樞紐的地位已被取代，老街樣貌與濃厚人情味卻留了下來。選個悠閒的午後，來這裡走走吧！

地藏庵

這裡不只祈福消災相當靈驗，更是每年五月初一「新莊大拜拜」的起點！

阿瑞官粿店

百年傳承的「阿瑞官粿店」，各式傳統粿類廣受網友好評，晚來可就賣完囉！

廣福宮、慈祐宮

廟街上以祭拜三山國王的廣福宮、祭拜媽祖的慈祐宮最出名，建築本身也是國家級古蹟。

老順香餅店

開業超過140年的老順香，招牌鹹光餅是新莊人的共同記憶。

戲館巷、挑水巷、米市巷

巷口牆上都有古蹟導覽牌，就到這裡探索充滿古早味的台灣故事吧！

武聖廟、林記香菇赤肉羹

武聖廟是國家三級古蹟；廟旁林記香菇赤肉羹是知名的在地美食。

新月橋

一路參訪廟宇、探尋古蹟並品嘗美食，來到新月橋時，也已夜幕低垂，正是橋上欣賞夜景的最佳時刻。

城門、和室與洋房，再現風華

記憶台北：知名古蹟

1 清代孤城老衙門

台灣建省後，清廷政府築起台北府城；時代的浪潮沖垮了環繞的城牆，徒留下孤零零的城門與衙門。

INFO

台北府城北門（承恩門）

地址：台北市中正區忠孝西路一段

欽差行台

地址：台北市中正區南海路53號（植物園內西側）

2 日式建築和風味

優雅古老的日式木造建築，總是帶有一股安定身心的力量。心情煩躁時，就來這走走吧。

INFO

北投文物館

地址：台北市北投區幽雅路32號

電話：（02）2891-2318

營業時間：10:00～18:00（週一公休）

錦町日式宿舍（樂埔町）

地址：台北市大安區杭州南路二段67號

電話：（02）2395-1689

營業時間：11:30～22:00

3 古典洋房浪漫情

文化上兼容並蓄的台灣，也不乏充滿西式風情的古蹟，不同於傳統日式、台式的景點，充滿浪漫氛圍。

INFO

自來水園區

地址：台北市中正區思源街 1 號
電話：（02）8733-5678
門票：夏季7、8月80元，非夏季50元
營業時間：夏季09:00～20:00，非夏季09:00～18:00（週一公休）

台北故事館

地址：台北市中山區中山北路三段181-1號
電話：（02）2587-5565
營業時間：古蹟10:00～17:30（週一公休）

4 老廠房變新花樣

台北也曾有不少重要的產業工廠與倉庫，這些占地廣大的歷史遺跡，在文創產業的投入下，綻放出新光華。

INFO

萬華糖廍文化園區

地址：台北市萬華區大理街132-7號
電話：（02）2306-7975
營業時間：10:00～17:00（週一公休）

華山文創園區

地址：台北市中正區八德路一段1號
電話：（02）2358-1914
營業時間：09:30～21:00

5 古廟悠悠傳香火

舊時聚落的發展，總離不開宗教文化，在動盪的時代裡，它們不只是人們的心靈依靠，更保存了傳統藝術。

INFO

大龍峒保安宮

地址：台北市大同區哈密街61號

台北孔子廟

地址：台北市大同區大龍街275號

台灣城市新面貌

宜蘭，美好小旅行：

口袋美食╳私房景點╳風格住宿

江明麗 著／高建芳 攝影

定價 320元

宜蘭，需要你一步步用心認識。承載歲月風華的老屋，美味且價格實在的小吃，文青最愛的藝文咖啡館，風格多樣的民宿，老少咸宜的觀光工廠、農場……62處宜蘭人眼中、外地人嘴裡不可錯過的美好！

台南美好小旅行：

老城市。新靈魂。慢時光

凌予 著／定價 320元

台南，一個新舊交織的城市。見證歲月的歷史古蹟，藏身巷弄的新興商店，翻玩創意的風格民宿，姿態優雅的靜謐咖啡館，女孩最愛的夢幻點心……59處有故事的景點，滿溢的溫暖人情味，給你最不一樣的台南新風景。

台東・風和日麗：

逛市集╳訪老屋╳賞文創╳玩手作

廖秀靜 著／定價 280元

探訪老屋改造的民宿、咖啡館，體驗最夯的手作雜貨鋪、最潮的文創設計店，品嘗異國風味與在地料理，夜宿特色迥異的風格民宿，55處在地人推薦的私房點，帶你賞星望月、踏青漫步、學創作、當文青，一步一腳印，認識台東好風情！

花蓮美好小旅行：

巷弄小吃╳故事建築╳天然美景

江明麗 著／定價 320元

在老宅裡回味記憶時光，置身山海邊一睹遼闊美景，大啖巷弄古早味美食，品味藝文咖啡館與異國料理不同的飲食文化，入住風格獨具的旅店……60個必訪景點。花蓮絕對是值得你探訪的城市，一個得天獨厚的好地方。

嘉義美好小旅行：

吮指小吃╳懷舊建築╳人文風情

江明麗 著／何忠誠、高建芳 攝影

定價 350元

老屋改造的風格餐廳，隱身巷弄的文創小店，在地人才知道的私房景點、美味小吃，還要帶你入住風格民宿，體驗在地人文風情。除了神木和雞肉飯，嘉義比你想的更好玩。快背起行囊，來去嘉義吃美食，品好茶，住民宿！

台中・城市輕旅行：

文創╳美食╳品味一網打盡

林麗娟 著／陳招宗 攝影

定價 340元

太陽餅、逢甲夜市、一中街、新社花海之外，台中還有更多好玩、好吃、好看的！舊建築裡的文創魂，景觀迷人的浪漫所在，咖啡職人的本土咖啡，喝茶也可以很新潮，多姿多采的台中和你想的不一樣！

廣　告　回　函
台北郵局登記證
台北廣字第2780號

地址：　　　縣/市　　　　鄉/鎮/市/區　　　　路/街

段　　巷　　弄　　號　　樓

三友圖書有限公司 收

SANYAU PUBLISHING CO., LTD.

106　台北市安和路2段213號4樓

三友圖書
讀書俱樂部

購買《台北週末小旅行：52條路線，讓你週週遊出好心情》的讀者有福啦，只要詳細填寫背面問券，並寄回三友圖書，即有機會獲得精美好禮！

「BON VOYAGE 旅行輕巧帆布手提袋」乙個
（寬29.5／高20／底12 CM）
市價390元（共3名）

活動期限至2016年10月31日止，詳情請見背面內容。　　本回函影印無效

四塊玉文創×橘子文化×食為天文創×旗林文化
https://www.facebook.com/comehomelife
http://www.ju-zi.com.tw

【黏貼處】對折後寄回，謝謝。

親愛的讀者：

感謝您購買《台北週末小旅行：52條路線，讓你週週遊出好心情》一書，為回饋您對本書的支持與愛護，只要填妥本回函，並於2016年10月31日前寄回本社（以郵戳為憑），即有機會參加「BON VOYAGE 旅行輕巧帆布手提袋」抽獎活動（共3名）。

姓名＿＿＿＿＿＿＿＿ 出生年月日＿＿＿＿＿＿＿＿

電話＿＿＿＿＿＿＿＿ E-mail＿＿＿＿＿＿＿＿

通訊地址＿＿＿＿＿＿＿＿＿＿＿＿

臉書帳號＿＿＿＿＿＿＿＿ 部落格名稱＿＿＿＿＿＿＿＿

1 年齡
□18歲以下 □19歲～25歲 □26歲～35歲 □36歲～45歲 □46歲～55歲
□56歲～65歲□66歲～75歲 □76歲～85歲 □86歲以上

2 職業
□軍公教 □工 □商 □自由業 □服務業 □農林漁牧業 □家管 □學生
□其他＿＿＿＿＿＿

3 您從何處購得本書？
□網路書店 □博客來 □金石堂 □讀冊 □誠品 □其他＿＿＿＿＿＿
□實體書店＿＿＿＿＿＿

4 您從何處得知本書？
□網路書店 □博客來 □金石堂 □讀冊 □誠品 □其他＿＿＿＿＿＿
□實體書店＿＿＿＿＿＿ □FB(微胖男女粉絲團-三友圖書)
□三友圖書電子報 □好好刊(雙月刊) □朋友推薦 □廣播媒體＿＿＿＿＿＿

5 您購買本書的因素有哪些？（可複選）
□作者 □內容 □圖片 □版面編排 □其他＿＿＿＿＿＿

6 您覺得本書的封面設計如何？
□非常滿意 □滿意 □普通 □很差 □其他＿＿＿＿＿＿

7 非常感謝您購買此書，您還對哪些主題有興趣？（可複選）
□中西食譜 □點心烘焙 □飲品類 □旅遊 □養生保健 □瘦身美妝 □手作 □寵物
□商業理財 □心靈療癒 □小說 □其他＿＿＿＿＿＿

8 您每個月的購書預算為多少金額？
□1,000元以下 □1,001～2,000元 □2,001～3,000元 □3,001～4,000元
□4,001～5,000元 □5,001元以上

9 若出版的書籍搭配贈品活動，您比較喜歡哪一類型的贈品？(可選2種)
□食品調味類 □鍋具類 □家電用品類 □書籍類 □生活用品類 □DIY手作類
□交通票券類 □展演活動票券類 □其他＿＿＿＿＿＿

10 您認為本書尚需改進之處？以及對我們的意見？
＿＿＿＿＿＿＿＿＿＿＿＿

感謝您的填寫，
您寶貴的建議是我們進步的動力！

本回函得獎名單公布相關資訊
得獎名單抽出日期：2016年11月14日
得獎名單公布於：
臉書「微胖男女編輯社-三友圖書」：https://www.facebook.com/comehomelife/
痞客邦「微胖男女編輯社-三友圖書」：http://sanyau888.pixnet.net/blog

【黏貼處】對折後寄回，謝謝。